뜬구름 잡기

뜬구름 잡기

여현주
음시은
달 래
김희현
박현영
최형선
신동국

글Ego

무심코 이 책을 꺼내든 당신께

어렸을 때 이런 말을 정말 많이 들었어요.

"책 좀 읽어라."

저는 꼭 이렇게 답했어요.

"왜요?"

그러면 어른들은 꼭 이해할 수 없는 추상적인 말들을 늘어놓았어요. 수능까지도 한참 남았는데 '훌륭한 어른'이 되라는 말이나, 나는 한식이 더 좋은데 '마음에 양식'을 쌓으라는 말들이요.

당신은 어떤 이유로 글을 읽으시나요?

…

아무래도 어렵죠?

꼭 잡을 수 있을 것만 같아도 다가서면 흩어져버리는 구름처럼, 생각이란 알 듯 말 듯 뭐라 설명하기 힘들어요. 바쁘다 바빠 현대사회에

괜히 스트레스 한 스푼 더하기 전에 표현을 관두고 말죠. 하지만 이 책은 보일 듯 보이지 않는, 닿을 듯 닿지 않는 무언가를 향해 손을 뻗은 사람들의 이야기입니다.

나의 생각을 파고들어 처절하게 몸부림치고, 나를 둘러싼 시간과 공간을 의심하고, 내가 기계의 부품이 되어버린 것은 아닌지 반성했어요. 누군가를 간절히 선망하다가도, 평범한 나를 있는 그대로 끌어안기도 했고, 곤충처럼 작은 시점으로도 세상을 보며 끊임없이 삶과 행복을 탐구했죠.

어쩌면 뜬구름 잡는 이야기지만, 무엇보다 강렬한 것을 움켜쥔 이야기예요.

구름 같은 이 책을 향해 손을 뻗은 모든 분들이, 다른 사람은 모르는 무언가를 꼭 잡을 수 있길 바랍니다.

- 공동저자 中 달래

차 례

침잠mania

여현주

여현주 대자연의 경이와 어린아이의 순수를 존경합니다.

수학의 간명함과 철학의 심오함에서 아름다움을 느낍니다.

앤 셜리에 빙의하여 일상의 작고 다양한 즐거움을 누릴 때 가장 행복합니다.

내 몸의 깊은 곳, 내가 알 수 없는 심연의 울음을 달래고자 사색하고 글을 씁니다.

사람들과 대화하며 고유한 개성과 아이디어를 나누고 함께 성장하는 것을 좋아합니다.

십수 년간 초등교사로 재직하며 얻은 통찰을 바탕으로, 장학사로 전직하여 교육 현장을 지원하고 있습니다.

미래의 눈으로 현재를 바라보는 시대정신을 품고, 교육공동체와 함께 미래 교육의 비전을 만들어나가고 싶습니다.

kakaostroy: https://story.kakao.com/gance

17방미인

　주변 사람들은 내게 종종 얘기하곤 한다. 나는 부모님께 큰절을 올려야 한다고. 맞는 얘기다. 부모님은 나를 어려서부터 풍족한 환경에서 남부럽지 않게 키워주셨다. 수려한 외모의 두 분 덕분에, 첫 직장에서 학생들이 붙여준 나의 별명은 '미스코리아 선생님'이었다. 대학생 때는 길을 가다가 모델학원 관계자들로부터 여러 번 제의도 받았다. 지금의 건강한 나를 있게 한 건 팔 할이 부모님이시다.

　그리고 태어나서 지금까지 영혼의 단짝으로 나를 지켜주는 한 사람이 있다. 바로 연년생 친언니다. 유년기 시절 우리 언니는 세상 순둥한 나를 지켜준답시고 온 골목을 호령하였다. 충천한 기개를 뽐내며 용맹하게 모든 놀이를 이끄는 골목대장 언니는 동생인 나를 졸병처럼 거느렸다. 언니의 안전망은 든든했으나, 나는 점점 겁쟁이 바보가 되었다.

한 살 터울인 우리는 같은 유치원에 다녔다. 규정상 언니는 닭반, 나는 병아리반 소속이었다. 그러나 언니와 떨어지면 세상이 무너질 것 같았던 나는 닭반에서 언제나 언니와 함께 지냈다. 언니가 유치원을 졸업하고 나 혼자 유치원에 간 첫날, 홀로서기의 대가는 혹독했다. 언니 안전망을 벗어난 꼬맹이는 응가를 그만 팬티에 한가득 지르고 말았다. 원장님의 커다란 팬티를 입고 집에 돌아온 그날은 내가 세상에서 처음으로 수치심이란 감정을 느낀 날이다.

그날의 기분은 어린아이의 여리고 잔잔한 바다에 끊임없는 파장을 일으켰다. 팬티사건 이후에 혼자 조용히 사색하는 시간이 많아졌다. 언니는 학교에 갔고, 유치원에서 일찍 돌아온 나는 정원에서 혼자 시간을 보냈다. 마당의 작은 연못에 사는 금붕어에게 먹이를 준답시고 열심히 파리채를 휘두르며 파리를 잡았다. 파리가 완전히 짜부가 되지 않게 살짝 기절할 정도로만 내려치는 힘 조절 스킬을 터득했다. 포획한 파리를 연못에 넣어주면 얌전하던 금붕어는 금세 야수처럼 변해 달려들었다. 조그만 금붕어 입이 커다란 동굴처럼 변하여 한입에 꿀꺽 파리를 삼키는 모습이 소름 돋게 징그러웠지만, 나는 열심히 금붕어에게 밥을 먹였고, 내 담력도 살을 찌웠다.

우리 집 마당은 꽤 넓었다. 암석으로 단을 높인 정원에는 장미, 수련, 야자나무 등 다양한 수목이 자랐다. 연못과 대문 사이에는 개집을 마련해 진돗개를 키웠다. 애완견 재롱이는 나보다 몸집이 훨씬 컸지만 웬일인지 무섭지는 않았다. 몸을 가득 덮은 털은 햇살처럼 윤이 났고, 얼굴은 언제나 웃는 모습이었다. 초등학교에 입학한 나는 일부러 언니와 따로 등교하였다. 언니는 늦잠꾸러기였고, 등교시각에 임박해서 집을 나서는 스릴을 즐겼다. 학교에 지각하여 선생님께 혼난다는 건, 내게 세상이 무너지는 것처럼 끔찍한 일이었다. 나는 부지런히 일찍 집을 나섰고, 그 뒤를 졸래졸래 따라온 건 우리 재롱이였다. 30여 분을 걸어 문방구 앞 학교 후문에 도착하면 그제야 재롱이는 나의 수행을 멈추고 발길을 돌렸다. 절대 교문 안으로는 들어오지 않았던 재롱이는 정말 영민한 개였다. 나는 곰곰이 생각했다. 묵묵히 따라와 주는 재롱이가 얼마나 충성스러운지, 그 마음이 얼마나 고마운지를 '우리들은 1학년'수업시간 내내 깊이깊이 생각하며 눈이 뜨거워졌다.

초등학교 공부는 꽤 재미있었다. 등교부터 하교까지 학교에 거하는 모든 시간들이 질서와 규칙으로 꽉 차 있는 '약속세상'이었다. '학생답기' 위해서 부단히도 애를 썼다. 그런데 그것들이 스트레스라기보다는 너무나 흥미로웠다. 널브러진 퍼즐 조각들을 판에 딱딱 맞추어서 작품을 완성하듯이, 학교에서 가르쳐주는 온갖 것들은 세상을 속속들이 착하고 아름답게 만드는 마법 주문 같았다. 나는 성실한 학생이고 싶었고, 유능한 마법사가 되고 싶었다. 멋진 학교에서 배운 신비로운 학습 내용을 머리에 새기고 마음에 담았다. 집에 돌아와서도 마법 수련은 계속되었다. 나는 스스로 책상에 앉아, 백화점에서 본 것처럼 교과서를 진열했다. 국어, 수학, 바생, 슬생, 즐생을 가지런히 펼친 다음,

각 교과마다 공책을 따로 세팅했다. 필통 속 학용품 군단의 채비를 마친 후에야 비로소 성스러운 학습이 시작되었다. 읽고 또 읽고, 쓰고 또 써서 오늘의 공부를 마치면 내 안에 '지식의 성'이 반짝였다.

집에서는 아무도 내게 공부하라는 소리를 하지 않았다. 그저 내가 하고 싶고 좋아하니까 할 뿐이었다. 부모님은 한 살 터울인 언니와 내가 서로 샘내고 다툴까봐, 간식이며 장난감을 항상 넉넉하게 마련해주셨다. 우리는 키도 체중도 비슷했지만, 나는 일 년 후에 언니 옷을 물려 입지 않았다. 엄마는 언니와 내게 백화점에서 똑같은 옷을 함께 사주셨다. 매일 옷과 어울리는 모자까지 맞춰 쓰고 등교하면 완성된 느낌이 들어서 기분이 꽤 좋았다. 담임뿐 아니라 다른 반 선생님들도 복도에서 가끔 내게 여동생이 있냐고 물어보셨다. 없다고 말씀드리면 나중에 옷을 줄 수 있냐는 농담을 얹곤 하셨다. 선생님들의 관심과 믿음을 담뿍 받는 나를 향한 친구들의 시선은 항상 다정했다.

4학년이 되던 해 가을, 등교해서 교실에 들어서니 여학생들이 예닐곱 명 떼로 모여서 웅성대고 있었다. 뭐 하고 있냐 물으니 내가 무엇을 잘하는지를 자기들끼리 세고 있었단다. 그들이 말하는 '나'는 이것도 잘하고, 저것도 잘하고, 그것도 잘하는 사람이었다. 한참 동안 장점을 줄줄이 늘어놓다가 마지막에는 무릎을 탁 치면서 외친다. 팔방미인이 아니라 십칠방미인이라면서 다들 깔깔거렸다. 순간 기쁘기도 했지만 다소 충격이었다. 평소에 친구들이 나를 무척 따르고 좋아해 주는 건

대충 알고 있었지만, 과분한 인정에 나는 짐짓 두려웠다. 집에서의 나는 학교에서처럼 마냥 의젓한 사람은 아니었기 때문이다. 나는 학교에서의 수행에 완벽을 기하기 위해 상당한 에너지를 썼다. 나와 선생님과 친구들의 기대에 부응해야 하는 심적 부담감과 육체적 피로감은 집에서의 응석으로 환원되었다. 피곤한 나는 엄마에게 투덜거리거나 화를 냈고, 만만한 언니에게는 욕도 해가면서 다투었다. 이렇게 학교와 집에서 치환과 환원을 반복하며 내 나름의 균형을 잡아나갔다.

학교에서는 선생님이 내게 신과 같은 존재였다. 나는 선생님 말씀을 금과옥조처럼 새기고 철저하게 실천했다. 그런 나를 선생님은 총애하셨고, 그 모습은 다른 친구들에게도 전염되었다. 완벽한 모범생을 자처한 나는 친구들의 부탁을 뭐든지 다 들어주었다. 내 입이 거절을 얘기한 적은 단 한 번도 없었다. 한 날은 선생님이 선행상을 뽑아야 한다며, 무슨 용지를 가져오셨다. 착한 행동 사례에 대한 질문 대신, 아이들에게 누가 받으면 좋겠냐고 대뜸 물으셨다. 어떤 아이가 내 이름을 말하니, 선생님은 나라고 생각하는 사람은 손을 들라 하셨다. 대부분 아이들이 손을 들었고, 나는 선행상을 받았다. 상은 물론 좋은 것이다. 그러나 그날 내 기분은 무척이나 찜찜했다. 인기상을 가장한 선행상인지, 내가 정말 착한 사람인지, 과연 나는 친구들의 사랑을 받을 자격이 있는지 혼란스러웠다.

모범생이라는 완벽한 역할을 수행하기로 결심한 것은 순수한 나의 의지다. 의지의 발로는 성실한 노력이었고, 그 노력의 결실은 칭찬과 인정이었다. 결실은 너무나 달콤해서 어린이의 의지에 더욱 불을 지폈다. 화염처럼 달아오른 자신감은 이상적인 자아상을 만들고 한 치의 어긋남도 용납하지 않았다. 스스로 세운 결심에 따른 책임감의 무게를 순수한 나는 너무나 잘 알고 있었다. 설렘으로 시작해 기쁨을 누렸지만, 기쁨은 욕심을 생성하고 욕심은 나를 매섭게 다스렸다. 특별한 사람이 되기 위한 특별한 노력은 너무나 당연했지만, 동시에 가혹한 것이기도 했다. 스스로 초래한 혼란의 세계를 이해하기 위하여, 생각 구렁텅이에 풍덩 빠졌다. 우리 집 정원에 흐드러진 꽃나무들을 조용히 바라보며, 혼자 생각하고 또 생각하다 보면 내 마음의 깊은 물 속이 선명하게 드러났다. 꼬마 사회인으로 최선을 다하던 '열심초딩'은 침잠을 통해 끊임없이 스스로에게 말 걸며 사색한 끝에, 두 개의 자아를 인정하게 되었다.

미션파서블

우리나라의 의무교육은 중학교까지의 교육을 이른다. 초6에서 중1로 넘어가는 때가 아마 학생의 삶에서는 가장 큰 전환기일 것이다. 나는 중입 근거리 배정 원칙에 따라 우리 동네 남녀공학 공립중학교로 가게 되었다. 예비소집일 날, 우리 집을 기준으로 초등학교와는 정반대 편에 있는 중학교는 가는 데만 걸어서 40분이 넘게 걸렸다. 초등학교에 비하면 거의 두 배이다. 중학교로 가는 길은 너무나 생경했다. 매일 다니던 동네 시장에서 불과 한 블록 떨어진 골목길로 가는 건데도, 낯선 나라에 홀로 떨어진 기분이었다.

온몸을 휘감는 이질감에 걷는 내내 아랫배에 묵직한 통증이 밀려왔다. 한겨울인데도 내 이마는 기어이 식은땀을 쥐어 짜냈다. 살을 에는 칼바람이 고인 땀을 스치면 뒷덜미가 미칠 듯이 서늘해졌다. 눈에 보이는 모든 장면은 죄다 회색 빛깔이었다. 걷고 또 걸어서 학교가 가까워질수록 눈앞의 잿빛 아스팔트 길은 노랬다가 다시 회색 되기를 반복했다. 먹은 것도 그다지 없는데 당장이라도 토할듯했다. 어질어질한 머리통을 겨우 부여잡고 교문에 도착하니 하교하는 중학생들이 무더기로 쏟아져 나왔다.

전신을 휘감은 짙은 교복과 두꺼운 흰 양말 위를 점령한 검정 단화는 보기만 해도 숨이 턱 막혔다. 키와 얼굴은 제각각 다른데 입은 옷과 신은 놀랍게도 다 똑같았다. 중학생 언니들은 모두 다 귀밑 3센티미터를 넘지 않는 똑 단발로 얼굴 크기가 적나라하게 드러났다. 학생 선도를 표방한 복장 규정은 세상의 어떤 예쁨도 못남으로 바꾸는 술책이 분명했다. 못남 카리스마를 뿜어내는 무서운 선배 무리를 피해 슬금슬금 운동장으로 들어갔다. 중학교 운동장에는 그 흔한 철봉도 없었다. 미끄럼틀, 정글짐, 시소, 그네 같은 건 전혀 보이지 않았다. 휑한 운동장 가운데에는 어깨가 한껏 움츠러든 신입생들만 도열하였다.

대머리 남자 선생님은 한동안 꽥꽥대며 큰 소리로 훈계하셨다. 이 추운 날씨에 머리가 얼마나 추우실까 걱정을 하다 보니, 긴장이 서서히 풀렸다. 예비 신입생들은 1층 교실로 들어가 반편성고사를 보았다. 중학교 1학년 학급을 편성하기 위한 진단평가였고, 시험 범위는 초등 6학년 교육과정 내용이었다. 다행히 교실은 참 따뜻했고, 책상 앞에 앉으니 몸과 마음이 편안해졌다. 시험지의 글자들이 친근하게 다가왔다. 두려움을 떨친 뇌는 릴레이 선수처럼 손으로 바통을 전달했다. 답안을 채우는 연필 소리로 꽉 찼던 두 시간이 끝나고, 도망치듯 부리나케 집에 돌아왔다. 다음날부터 2월 말까지, 나는 매일마다 꿈에서 중학교에 갔다.

입학식 날은 옷깃이 빳빳한 교복을 갖춰 입었다. 눈물 한 바가지와 맞바꾼 짧은 단발머리와 검정 스타킹에 흰 양말 등 못생김으로 완전무장하였다. 입학식이 시작되고 신입생 선서 때 갑자기 내 이름이 호명되었다. 어안이 벙벙한 채로 운동장 구령대로 올라갔다. 처음 본 사회자 선생님이 시키는 대로 또박또박 선서문을 읽고 마지막에 내 이름을 말했다. 내가 신입생 대표라니. 반편성고사에서 전체 1등을 해버린 나는 관심을 갖는 모든 이들의 시선을 견뎌내야 했다. 3월 첫 주 동안 교실에 들어오는 선생님들은 꼭 한 번씩 물어보셨다.

"여기 여현주가 누구니?"

그때마다 내 얼굴은 빨강을 넘어 자주색이 될 만큼 달아올랐다. 제발 이번 과목은 그냥 넘어가길 기도하면서 하루하루가 흘러갔다.

신학기도 보름이 흘렀다. 중1 수학 첫 단원은 늘 그렇듯이 '집합'이다. 합집합과 교집합을 배운 다음에 차집합, 여집합으로 넘어가는데 여기서 사건은 터져버렸다. 머리가 희끗한 할아버지 수학 선생님은 그날도 작은 궁서체로 칠판을 가득 채운 다음, 소리 높여 개념을 가르쳐 주셨다.

"여러분~ 여집합은 여현주 집합이죠, 허허허!"

순간 제트기가 미사일로 가격한 듯, 뒤통수가 아찔했다. 교실이 떠나갈 듯 호쾌하게 지르는 친구들의 웃음 폭격은 내 이마를 한 번 더 강타했다. 어질어질한 정신 줄을 겨우 붙잡고 나니, 불현듯 원망이 치솟았다. 연로한 선생님의 고리타분한 구식 농담이 야속했고, 답정너 농담에 응답해준 친구들의 어쭙잖은 공경심이 미웠다. 나의 이름이 회자될 때마다 내 안의 부끄럼둥이 아기는 온몸을 떨며 울었다.

원치 않는 관심이 너무 싫었고, 그 마음은 고스란히 부담으로 남겨졌다. 가슴에 송곳처럼 박힌 부담감이 나를 더 깊이 찌르지 않도록 방어하는 방법은 단 하나였다. 이미 받아버린 그들의 기대를 현실로 만드는 것뿐이었다. 나는 더욱더 학습에 매진했고, 점점 더 공부 기계가 되어갔다. 전교 1등이라는 임무를 무사히 완수하기 위해서는 모든 과목에서 만점을 받아야 했다. 그래야 어떤 상대든, 어떤 상황이든, 그 어떤 변수에서도 안전하게 목표를 이룰 수 있었다.

내 밖에서 일어나는 알 수 없는 것들에 대적하기 위해서는 먼저 내 안에서 모든 전쟁을 치러야 했다. 예측한 상황을 머릿속에서 시뮬레이션하고, 문제 해결에 필요한 역량을 갖추기 위해 나는 007(더블오세븐) 요원으로 화했다. 지독하게 나를 몰아붙이고, 혹독하게 나를 단련시켜야 겨우 제임스 본드 시늉이라도 할 수 있으므로. 내가 통제할 수 있는 것은 오로지 나뿐이었다. 좋아하지 않는 과목의 시험을 잘 보기 위해서는 심신의 에너지를 더 많이 쏟아야 했다. 체육 농구 수행평가에서 만점을 받기 위해, 깜깜한 새벽 다섯 시에 혼자 마을 운동장에 나가 자유투를 연습했다. 모두가 잠든 어둠 속 무서움 따위는 느껴서는 안 될 사치였다. 첫날 한 골도 넣지 못했던 내 비루한 손은 일주일간 미친 연습을 거치고, 시험 날 농구공 열 개를 연속으로 골대에 넣어버렸다. 지지리 싫어했던 한문과 세계사는 단기 기억으로 압살해야 했기에, 시험 전날 밤샘 암기가 절대적이었다. 아침 해가 뜨기 시작하면, 급박해지는 마음과 함께 어김없이 새빨간 코피가 쏟아졌다. 한자책 위에 방울방울 떨어지는 시뻘건 피보다 더 무서운 건 시험에서 한 문제라도 틀리는 거였다.

중입 선서문을 낭독한 열네 살 소녀는 특급 노력을 불사한 끝에 명받은 미션을 완수했다. 중학교 3년간 학기마다 치르는 총 열두 번의 중간고사와 기말고사에서 전교 1등의 자리를 사수하였다. 에이전트의

수행 영역은 비단 학교 안만이 아니었다. 다니던 학원은 성적순대로
A1~A5, B1~B5, C1~C5 체계의 총 15개 반이었는데, 지역 내 내로라
하는 전교 1등 학생들은 나와 같은 A1반이었다. 분기별로 학원 내 자
체 모의고사를 쳐서 클래스를 조정하고, 상금을 주기도 했다. 내가 학
원 모의고사에서 1등 상금을 받은 날, 엄마는 우리 딸이 돈을 벌어왔
다며 무척 기뻐하셨다. 중2를 마치고, 아버지 사업으로 창원에서 부산
으로 이사하게 되었다. 내가 떠날 때 친구들은 무척 놀라며 아쉬워했
지만, 웃음 섞인 농담도 흘렸다.

"앞으로 우리 학교 애들은 전교 등수 하나씩 올라가고 거긴 내려가
겠네!"

친구들의 웃는 얼굴과 잘 가라는 다정한 인사에 나도 환한 미소로
작별했지만, 이 말은 두고두고 내 가슴을 후벼 팠다.

친구들은 내가 이사한 후에도 분기별로 손편지를 써서 보내주었다.
내 소식을 물었고, 그들의 안부를 전했다. 나는 친구들이 예상했던 1
등 소식을 전할 수 있어서 참 다행이라 안도했지만, 한편으론 무척 서
글펐다. 전학 간 학교에서 곧장 적응해 공부한다는 것은 쉬운 일이 아
니었다. 특급요원인 나에게도 절대 만만치 않은 미션이었다. 더구나
중3은 질풍노도의 시기가 아니던가. 나는 힘든 여건을 뚫고, 결국 해
낸 나 자신이 참 대견하였다. 그러나 이런 나를 바라보는 양가적인 친
구들의 마음을 생각할 때면 심장 한쪽이 저릿하게 아팠다. 내가 떠난
학교의 친구들은 기뻐했고, 내가 찾은 학교의 친구들은 나를 경계했

다. 나는 어딜 가나 친구들에게 순수하게 반가운 존재일 수 없었다. 이걸 깨달은 후 밀려오는 서글픔은 시리고 또 아팠다. 공부하는 것도 넘치게 고달픈데, 겨우 해낸 내가 떠안아야 할 외로움의 무게가 무참히도 가혹했다.

사춘기 소녀에게 사춘기는 없었다. 이차 성징에 따른 심신의 기복도 비켜 갈 만큼 치열하게 공부에 매달렸던 십 대 소녀의 의식을 장악한 것은 학습의 희열과 세속에의 환멸이었다. 의지의 숭고함, 노력의 처절함, 성취의 이중성이 차례차례 인식의 바다에 밀물처럼 밀려들어, 세차게 바닥을 훑고 지나갔다. 기쁘고 외로울수록, 벅차고 억울할수록 마음속 깊은 바다 밑을 들여다보았다. 숨을 죽이고 가만히 바라보면 어떠한 물결도 일지 않는 차분한 그곳에 내가 있었다. 침잠하면 내가 보였다. 내 여린 영혼이 무사히 잘 있음을 확인하고, 다시 뭍으로 올라와 미움받을 용기를 내었다.

꿈나무

어렸을 적 누구나 한 번씩 들어본 노래가 있다.

"텔레비전에 내가 나왔으면 정말 좋겠네~ 정말 좋겠네!"

막연히 선망했던 그 순간이 나도 모르게 찾아왔다. 중2 봄날, 학교 선생님께서 나와 몇몇 친구들을 다급하게 불렀다. 과학영재교육원 입학 지원서를 주시며, 한번 도전해보라고 하셨다. 영재교육이라니……. 처음 들어보는 내용에 어리둥절했지만, 나는 친구 두 명과 함께 주말에 응시 시험을 보러 대학교로 갔다.

1998년 교육과학기술부는 영재교육 진흥법에 따라 국가 과학영재의 조기 발굴과 체계적 육성을 위한 사업을 시작했다. 서울대, 경남대 등 전국 다섯 권역의 국립대가 국가 공인 영재교육기관으로 지정되었고, 미래 창조적 과학자를 육성한다는 일념으로 대학 부설 과학영재교육원을 설립하여 입학생을 모집하였다.

처음 가 본 대학교는 위용이 대단했다. 더구나 어른들 인솔 없이 친구들끼리 이렇게 먼 곳에 시험을 보러 왔다는 자체가 무척 설레고 근사했다. 우리는 각기 다른 고사실에서 필기와 면접시험을 보았다. 오전 필기시험이 끝나고 면접실에 들어가니, 여러 교수님이 앉아 계셨다. 그중 가운데 있던 심사위원이 내가 쓴 탐구 답안지를 내려다보더니, 의아해하며 대뜸 입을 열었다.

"서체를 봤을 땐, 남학생인 줄 알았구먼."

옆의 교수님들이 가볍게 고개를 끄덕거렸다. 그럴 만도 했다. 내 글씨는 크고 힘찼으며, 가로획은 일관되게 살짝 우상향으로 솟았다. 교수님들은 여러 가지 질문을 하셨고, 나는 특유의 차분함으로 답변을 이어갔다. 마지막 질문이 가장 기억에 남는다.

"수학 문제를 해결하기 위해, 가장 오래 고민을 해본 경험이 있나요?"

나는 곰곰이 생각했다. 그동안 풀었던 수많은 수학 문제들이 파노라마처럼 뇌리를 스쳐 갔다. 오랜 기간 답답했던 물음표가 명쾌하게 느낌표가 되던 순간이 기억났다. 지난해 나를 삼일이나 고민에 빠뜨렸던 함수 문제 해결 스토리를 말씀드렸다. 면접 평가까지 마치고 시험장을 나오는 발바닥에는 날개가 달렸다. 진솔하게 최선을 다했다는 뿌듯함으로 가슴이 웅장해졌다. 비록 15살이지만, 친구들과 대학교 정문을 의기양양 빠져나올 때는 마치 대학생이 된 듯한 달콤한 착각에 잠시 취했다.

캠퍼스를 벗어나자, 오 남매의 막둥이였던 한 친구가 우리들의 손을 잡아끌고 작은 식당에 데려갔다. 냄비에 온갖 재료를 넣고 테이블에서 보글보글 끓여 먹는 '즉석 떡볶이'를 난생처음 접한 나는 무척 흥분되었다. 압권은 마지막에 할머니 사장님이 직접 만들어주시는 볶음밥이었다. 불판에서 주걱으로 현란하게 밥을 비비다가 마지막에 김 가루를 한가득 팍팍 뿌려 내어 주시는데, 마치 내가 진짜 대학생이 된 듯했다. 이렇게 멋진 경험을 해보다니! 집에 돌아와서도 흥분이 가시질 않았다. 시험이 어땠냐는 부모님의 질문도 뒤로하고, 즉석 떡볶이를 박살 낸 나의 무용담을 목이 아프도록 자랑스레 떠들어 댔다. '어른의 맛'을 본 이날은 중학생이 된 이래로 가장 짜릿하고 행복한 하루였다.

한 달 뒤, 저녁에 학원에서 돌아오니 우리 집 전화통에 불이 났다. 뉴스에서 나를 보았다는 친척들과 부모님 지인들의 전화였다. 동네 사람들도 나를 마주치면 뉴스에서 보았다고 반갑게 말해주었다. 그해 여름, 나는 대학 부설 과학영재교육센터 중등부 제1기 신입생으로 최종 선발되었고, 오리엔테이션에 참석한 내 모습이 관련 뉴스 보도에 잠깐 나왔던 것이었다. 정작 나는 그 방송분을 보지 못했지만, 내가 공중파 텔레비전에 나온 첫 경험이었다. 시험에 응시하러 같이 간 친구들은 모두 떨어지고 나만 혼자 합격해서 미안했으나, 나는 과학꿈나무로서 첫발을 디뎠다.

열일곱 살의 봄은 찬란했다. 중학교 3년간 단 한 번도 전교 1등을 놓치지 않았던 나는 높은 내신 백분율과 경시대회 입상 실적으로 과학고 (현, 한국과학영재학교)에 입학했다. 당감동 백양산 자락에 위치한 우리 학교는 웬만한 대학교보다 월등한 시설을 갖추고 있었다. 교복과 체육복이 따로 있었지만, 사복을 입고 공부했고 전원 기숙사 생활을 했다. 중학생 시절 두발 및 복장 규정에 예속되었던 우리에겐 크나큰 자유였다. 교복은 보통 매주 월요일 등교할 때와 토요일 하교할 때, 딱 두 번만 착용했다.

입학식 날, 신입생들의 얼굴에는 개선장군처럼 호방한 미소가 흘러 넘쳤다. 그동안의 고생을 한꺼번에 보상받듯이 다들 입학의 영광과 기쁨을 누렸다. 식이 거행된 2층 대강당은 축하하러 온 가족들로 금세 꽉 찼다. 한 반에 스무 명씩, 총 다섯 학급인 1학년 전교생은 백 명 남 짓이었다. 식이 끝나자, 입학생들은 각자의 교실로 이동했고 가족들 은 자랑스러운 자녀를 응원하며 집으로 돌아갔다. 집과 부모님을 떠 나 홀로서기를 하게 된 우리는 이제 서로가 서로에게 가족이었다. 다 들 쟁쟁한 경쟁을 뚫고 입학한 진짜 실력자들인 만큼, 모든 활동에 자 신감이 넘쳤고 인품과 배려심도 특출났다. 어떻게 다들 이다지도 착할 수 있을까 하며 놀랄 정도로 친구들의 선함에 나는 진심으로 탄복했 다. 선생님께서는 우리의 경쟁상대는 서울과고라며 단단히 일러주셨 고 우리는 고개를 끄덕거렸다. 이러한 기대에 틀림없이 부응할 것이라 고 확신에 찬 우리였다.

모두가 방긋 웃던 입학식 열기는 오래가지 않았다. 3월 첫 주 수학 시간, 1단원 형성평가를 10문제 쪽지 시험 형식으로 보았다. 난도가 너무 높아서 다 맞은 학생은 우리 반에 단 한 명이었다. 한 문제만 맞 은 애들이 수두룩했고, 나는 겨우 세 문제를 맞혔다. 그날 밤 여학생 기숙사는 눈물바다였다. 다수의 전교 1등 학생들도 합격하지 못한 이 곳에 온 우리인데, 어찌 이런 일이……. 충격적인 결과에 다들 기가 찰 노릇이었다. 패닉 상태에 빠진 아이들은 서로 울음을 달래주며 괴로운 밤을 지새웠다. 그리고 다음 날, 옆반 한 여학생이 전학을 갔다는 소식 을 들었다. 어젯밤 가장 많이 울고 실의에 빠졌던 그 친구였다.

여기 온 학생 대부분은 자라면서 열등감을 느껴본 적이 거의 없었을 것이다. 아마 그 감정을 절대로 느끼지 않기 위해서, 아니 느끼고 싶지 않아서 몸부림치며 자신의 위치를 지켰을 것이다. 그러나 레이스를 달리는 자들이 다 나와 같은 프로라면, 그동안 자신의 실력에 자찬하며 흐뭇했던 시선을 미련 없이 거둬야 한다. 비록 수시로 밀려오는 열등감은 뼈 때리게 아프지만, 훌륭한 모범사례를 직관하고 배울 수 있는 건 이 리그의 독보적인 장점이었다.

사람은 적응하는 동물이다. 똑똑한 사람은 현실을 빨리 인정하고 자신의 주제를 파악한다. 내 바로 옆 친구의 놀라운 실력에 감동하고 인정한 다음에 할 일은, 그 강점을 잘 분석해서 나의 전략을 수립하고 실력을 디벨롭하는 것뿐이었다. 이것이 내가 깨달은 이 리그의 도의이자 공존을 위한 지혜였다. 빈 수레는 요란하고 찬 수레는 묵직하다. 이곳에 요란한 친구는 단 한 명도 없었다. 언제나 조용해서 평온했지만, 너무나 고요해서 무섭기도 했다. 가끔 학교의 완벽하게 차분한 공기가 섬찟할 때는 백양산 약수터를 걸어보았다. 우거진 침잠의 숲속에서 내 영혼의 강녕을 차분하게 살피고 돌아왔다. 처음 내 영혼을 폭격했던 생경한 열등감은 성숙한 겸손함으로 전환되었다. 변화 노력이 거듭될수록 내 안의 자아는 무럭무럭 자랐다. 우리는 겸손한 과학도로서 학문과 우정을 갈고 닦으며 십 대의 끝을 향해 달려 나갔다.

꿈동산

우리나라 고3의 공부 행군이 얼마나 힘겨운지는 전 국민이 다 안다. 여름에서 가을로 넘어가는 쌉쌀한 어느 날, 고3이었던 나는 살 떨리는 디데이 카운트를 하며 동네 이마트를 향했다. 독서실에 가져갈 커피를 잔뜩 살 요량이었다. 1층 식품매장만 들러서 사도 될 것을, 굳이 2층 서점 코너도 슬쩍 한번 가 본다. 새로 나온 모의고사 문제집을 살펴보다가, 바로 옆 실내놀이터에서 꼬맹이들이 까르르 자지러지게 웃고 떠들며 노니는 소리에 흠칫 놀랐다. 산 깊은 사찰의 풍경소리처럼 아스라이 마음이 편안해졌다. 신기한 일이었다. 아이들의 웃음이 이다지도 맑고 기분 좋은 소리였다니! 순수한 이들이 마음껏 내어 지르는 동심의 멜로디는 철창 속에 갇힌 내 영혼을 구원해주는 듯했다.

매서운 수능시험을 치른 시린 겨울이 가고, 입시 결과가 나왔다. 내 수능 성적은 수학, 과학탐구, 영어는 만점이지만, 사회탐구와 언어영역은 다소 아쉬웠다. 당시 2004년은 뜨거운 교대 붐이 일었던 해다. 여자에게는 안정적인 직업이 좋다는 얘기를 주변에서 참 많이들 했다. 나는 부산에 있는 교육대학과 대구에 있는 의과대학에 원서를 넣었고, 두 군데 다 합격 통보를 받았다. 수능 끝난 직후 엄마와 철학관에 간 적이 있었는데, 점을 봐주신 분이 내 사주에는 칼이 없다고 한 말씀이 떠올랐다. 여러 가지 핑계가 점점 더해졌다. 집에서 먼 지방의대는 가고 싶지 않았다. 사실 솔직한 마음은 6년은 기본, 10년까지 피 말리는 공부와 피를 보는 수술 수련을 감당할 자신이 없었던 거다. 무서웠고, 잘할 수 없을 것 같았고, 그래서 마음이 동하지 않았다. 이제는 살벌한 공부 전쟁에서 좀 해방되고 싶기도 했다. 마음을 비우니, 지난여름 이 마트 실내놀이터에서의 감흥이 밀려왔다. 그때 들었던 아이들의 웃음 소리가 나를 강력하게 끌어당겼다. 머리가 가벼워지고, 가슴이 간질 거렸다. 나는 집에서 불과 3킬로미터 거리인 부산교대에 갈 것을 결심 했다.

교대 생활은 참으로 평화로웠다. 내가 그 동안 하지 못했던 것을 마음껏 할 수 있었다. 학교까지 한 시간 정도 여유롭게 걸어갔고, 수업이 끝나면 도서관에 들러 철학서를 깊이 탐독했다. 십 대 때는 이과 관련 책들만 잔뜩 보았던 나는, 철학과 인문학에 늦바람이 든 것처럼 흠뻑 빠져들며 균형을 맞춰갔다. 수업이 없는 주말에도 집에서 악보를 잔뜩 챙겨서 교대 별관인 음악관까지 걸어갔다. 음악관 1층에는 혼자 피아노 연주를 할 수 있는 개인 연습실이 열 실 가량 있었다. 햇살이 잘 드는 조용한 방에 들어가 캐논 변주곡부터 쳤다. 암보가 될 때까지 계속 연습하다가, 가끔 창밖으로 시선을 돌리면 쨍쨍한 노란색 봄 햇살이 흠뻑 밀려왔다. 음악관 마당 정원에는 장미꽃이 가득했고, 나비가 유유히 팔랑거릴 뿐 사람의 기척은 전혀 없었다. 이렇게 화사하고 고요한 시간을 느긋하게 즐길 수 있다니! 내가 대학생이라는 현실이 참으로 기뻤다. 이따금 우리 학교 바로 옆 아파트가 본가인 중학교 친구 서진이가 나를 찾아왔다. 당시 본과생이던 친구는 많이 야위고 지쳐 보였다. 밥을 먹으면서 힘없는 목소리로 내가 부럽다고 재차 얘기하는 친구에게, 나는 왠지 많이 미안했다. 친구가 고생하는 모습이 마음 아팠지만, 한편으로 나는 참 다행이라는 생각에 가슴을 쓸었다.

걷는 것을 좋아했던 나는, 학교에 갈 때도 과외를 갈 때도 놀러 갈 때도 항상 걸었다. 부산 서면이나 연산 로터리를 지날 때, 에이전시 매니저라는 분들께 명함을 몇 번 건네받은 적이 있다. 처음에는 무심결에 그냥 흘렸는데, 앞으로 초등학생들을 가르칠 내가 다양한 경험을 해보는 건 아이들 진로지도에 도움이 될 거라고 생각하니 마음이 달라졌다. 우연히 다가온 세 번째 제안은 참 감사했다. 서면 롯데백화점 앞에서 내게 명함을 준 매니저 언니를 따라 모델학원이란 곳을 다니게되었다. 당시 나는 22살로 키는 170 정도였는데, 학원에서는 내가 가장 나이가 많고 키는 제일 작았다. 다른 애들은 대부분 17~19살 정도의 고등학생이었고, 키는 평균 180이었다. 처음에는 텔레비전에 나오는 웬만한 연예인보다 예쁜 여자애들이 이렇게나 많다는 사실에 무척 놀랐다. 놀라움은 금세 압박감으로 변했다. 나도 어떻게든 노력해서 키를 늘려야 했다.

기초 자세 트레이닝 시간에 그 힘든 벽타기를 악착같이 하고, 집에 와서는 다이어트 서적을 탐독하며 세상에 모든 음식의 칼로리를 외웠다. 무더위에도 과외를 하러 왕복 세 시간 거리를 걸었고, 하루에 허락된 음식이라곤 아오리사과 8개가 전부였다. 몸은 하루하루 말라가며 46킬로그램이 되었고, 어깨뼈가 더욱 앙상하게 드러났다. 집에서 민소매 티셔츠를 입고 있으면, 아빠는 너무 놀라 당장 모델학원을 그만두라고 다그치셨다. 밥을 안 먹겠다고 고집부리며 무리한 다이어트를 하는 딸을 보며 부모님 마음은 타들어만 갔다. 그렇게 힘들게 체중을 감량하고 벽타기를 했는데, 키는 두 달간 겨우 1센티미터만 자랐다. 스무 살이 넘어서 키가 컸다는 자체가 대단한 일이지만, 나는 속상했다. 거울방에서 워킹 연습을 할 때 가장 속상했다. 내 양옆으로 여자 동생들이 섰다. 그들의 어깨에 내 이마가 닿았다. 동생들은 정확히 얼굴 하나만큼 나보다 더 컸다. 그 모습을 사방에서 보며 연습하는 시간은 정말 괴로웠다. 매니저 언니는 내가 충분히 개성 있고 좋다고 살을 그만 빼라 했지만, 내 귀에는 전혀 들리지 않았다. 외모에서 오는 열등감을 난생처음 뼈저리게 느꼈다.

마음이 많이 쭈그러들었지만, 이왕 시작한 것이므로 나는 최선을 다하고 싶었다. 학원을 마치고 모델 동생들과 근처 카페에 갔다. 나 혼자 대학생이고 과외로 용돈을 벌었기에, 빙수랑 커피 등을 샀다. 더운데 땀까지 함빡 쏟은 몸에 달고 시원한 게 들어오니 기분이 좋아졌다. 피지컬이 뛰어나서 내심 부러웠던 현진이가 내게 물었다.

"언니, 언니는 이미 평생 직업이 정해져서 너무 좋겠어요."

"아니야, 꼭 그렇지도 않아. 나름의 고충이 있지. 현진이는 꿈이 뭐니?"

나의 질문에 동생은 아이스티를 한 모금 쭉 들이켜더니, 태연자약하게 대답했다.

"저는 중동 항공사에 취직해서, 중동 부자의 첩으로 살고 싶어요."

순간 댕 하고 머릿속을 종으로 맞은 기분이 들었다. 무슨 의미인지 모르겠고, 혼란스러웠지만 그 자리에서는 절대 티를 낼 수 없었다. 자리를 파하고 집에 돌아왔다. 속절없는 환멸감이 밀려왔다. 물론 화자는 나름의 이유와 입장이 있었을 거다. 그러나 더는 깊이 알고 싶지 않았다. 그리고 갑자기 그동안 노력했던 벽타기와 워킹연습, 다이어트에 신물이 났다. 3개월이면 경험으론 충분하다고 생각하고 학원을 그만뒀다. 한동안 미(美)의 덧없음에 허망해하며 염세주의자로 살았다.

여유로운 생활 속에서도, 특수목적대학교인 교대에서 학과 성적은 여전히 중요했다. 우리는 예비교사였지만, 임용고시를 반드시 통과해야 정교사로서 교단에 설 수 있었다. 4년간의 학부 성적은 임용시험 점수와 합산해서 총점으로 반영되기에, 내신도 잘 관리해야 했다. 나는 학기별 중간·기말고사 기간에는 모든 것을 끊고 시험에 몰입했다. 1학년 첫 중간고사 때 과탑을 한 이후로, 말 못 할 부담과 책임감이 그렇게 만들었다. 5월에 열리는 미스코리아 선발대회는 1학기 중간고사 기간이라, 10월에 하는 부산국제영화제 자원봉사도 2학기 중간고사 기간이라 참가하지 못했다. 기간이 겹치지만 않았더라면 하는 야속함이 대학 생활 내내 사무쳤다. 한 번쯤 눈 질끈 감고 도전하거나, 휴학을 해볼 수도 있었다. 그러나 이미 정해진 진로에서 조금이라도 우회하거나 늦기는 싫었다. 한눈팔지 않고 최대한 충실하게 임한 결과, 교대 학사과정 내신 1등급으로 2월 졸업 후 3월에 바로 발령을 받았다.

나의 초임교는 창작동요제 대상 수상 곡인 '노을'이 탄생한 시골 마을의 작은 학교였다. 발령일 당일, 새벽 세 시쯤 나는 정장을 차려입고 아버지 차에 올라탔다. 옷가지와 책, 노트북 등 짐꾸러미를 대강 챙겨 싣고 부모님과 함께 나의 첫 직장으로 출발했다. 홀로서기를 할 새집에 도착하니, 이미 8시경이었다. 나는 곧장 학교로 향했다. 부모님 배웅을 받으며 첫 출근을 하는 어깨가 천근만근 무거웠고, 심장은 터질 것만 같았다. 부모님은 집에 계시면서, 하루 종일 침대며 책상, 세탁기, 텔레비전 등 살림을 장만하고 집을 정돈하셨다. 경황없이 교무실에 도착해 교감, 교장 선생님께 차례로 인사를 드리자마자, 아침 애국조회가 시작되었고 모두들 운동장으로 나갔다. 전교생 친구들이 운동장에 줄을 선 모습을 보니 심장은 더욱 터질 것 같았다.

교장 선생님 훈화 말씀이 끝나고, 새로 부임한 선생님 소개를 할 순서였다. 새하얘진 머리에서 쥐어짠 인사말을 즉흥적으로 쏟아내는 내 목소리가 동네방네 울려 퍼졌다. 퇴근 후 집에 돌아오니 부모님도 들으셨다고 했다. 다 큰 딸의 뒷바라지를 하러 이 먼 곳까지 오셔서 고생하는 부모님께 너무 죄송하고 감사했다. 고등학교 기숙사 생활 이후 처음으로 부모님 슬하를 떠나 독립하는 딸이 얼마나 걱정되고 애달프실지 나는 짐작하고 또 짐작했다. 그날 저녁 엄마 아빠가 부산 본가로 다시 내려가시자마자 눈물이 하염없이 흘렀다, 나 홀로 남은 집에 꽉

채워진 세간들을 보면서, 부모님의 사랑을 느끼고 또 느꼈다. 엄마는
내게 퇴근 후 집에 오면 텔레비전을 그냥 틀어놓으라고 하셨다. 딸이
외롭고 무서울까 봐 티브이 소리로라도 적막을 깨 주고 싶은 마음이셨
던 게다. 부모님이 걱정하시지 않도록 나는 더욱더 씩씩하게 생활했
고, 학교에서 열심히 일했고, 아이들은 나를 무척이나 따랐다.

　나의 첫 학교 운동장은 굉장히 넓었다. 전체 10학급의 농촌 시골 학
교였지만, 승진점수가 있는 경합지역이었기에 쟁쟁한 선생님들이 가
득했다. 그들은 막내인 나를 많이 아껴주셨다. 신규교사 취임식 날에
는 교장 선생님 포함 선배 선생님들이 직접 오케스트라 연주를 해주셨
고, 이대 성악과를 나온 특수학급 찬미 선생님은 아리아로 축하 무대
를 채워주셨다. 이날 취임식에 참석하러, 아버지가 부산에서 한 번 더
올라오셨고, 행사가 끝나자 교감 선생님께서 아버지를 기차역까지 모
셔다 드렸다. 낯선 타지에 발령받아 홀로 사회인으로 살아내야 하는
내게, 직장 분들은 기꺼이 가족의 빈자리에 들어와 주셨다. 그때 나는
모든 게 다 처음이라, 이런 성대한 취임식이 기본인 줄 알았다. 그게
아니란 것을 깨달은 건 내 연차가 쌓여 후배들의 입직을 지켜보면서였
다. 그때 이후 나는 지금껏 이 정도의 신규취임식은 보지 못했다. 새내
기 교사인 나를 진심으로 환영하며 받아주신 그분들은 내 인생의 은인
이셨다.

　교직 첫해 내가 맡은 분장은 4학년 담임과 6개의 업무였다. 내가 가

장 행복했던 학창 시절이 4학년이었기에, 이건 운명이라 생각됐다. 우리 반 학생들은 나를 바다처럼 품어줬다. 초임 교사의 혈기와 패기를 학급 운영 전반에 담았고, 아이들은 호기로이 응답하며 따라왔다. 당시 내가 정했던, 우리 반 교수학습 약속 구호는 무려 13종에 달했다. 아이들은 유치하다는 볼멘소리도 하나 없이 그 모든 걸 익혀서 나와 함께 소통해주었다. 멜로디를 얹은 메시지에 귀엽고 깜찍한 손 제스처를 더한 구호 만들기에 내 모든 창의력을 갈아 넣었다. 귀여운 우리 친구들이 이 깜찍한 구호를 활기차게 외치면 얼마나 더 빛날까를 미친 듯이 고민했다. 교사와 학생들이 합의 케미를 발하면 우리 반의 연대가 얼마나 더 고양될지를 생각하니 몹시 흥분되었다. 돌이켜보면 굳이 이런 걸 치열하게 고민했던 나의 발상이 가장 귀여웠으리라. 우리가 함께 우렁차게 외치는 교학상장 구호는 이후 5년 동안 계속되었다. 신규교사 첫해 4학년 이후 이듬해부터 4년간은 연속 6학년 담임이었다. 13종 구호가 막을 내린 건 1학년을 맡고 나서였다. 유치원에 다니다 갓 입학한 1학년 병아리들은 복잡다단한 13종을 소화할 수 없었다. 이후로는 짧고 간결한 3가지 구호만 살아남았다.

시간이 흐르면 그때가 더 잘 보인다. 시간이 쌓은 경험의 힘으로 기억은 객관화된다. 사춘기 고학년 학생들의 오글거림을 무마한 건 순전히 담임에 대한 지지였으리라. 이토록 귀한 마음을 내어준 우리 반 아이들에게 참 많이 감사했다. 그리고 나 역시 순수함으로 빚은 온 마음을 다해 아이들을 아끼고 사랑했다. 우리 학급 반가 동영상을 만드느라 밤새기 일쑤였고, 학급 환경 미화를 위한 모든 것을 내 손으로 직접 만들어서 꾸몄다. 대학생 때 배워둔 피오피 실력으로 아이들 이름을 일일이 다 페인팅 붓으로 써서, 작품란과 파일철 표지를 만들었다. 앞뒤 게시판 타이틀뿐 아니라 배경에 붙이는 꽃송이들도 직접 만들었다. 종이를 오리고 말아서 꽃잎을 구현하고, 작은 스티로폼 공을 쪼개서 색을 입혀 꽃망울을 만들었다. 거기다 반짝이 실을 오린 암술 수술을 글루건으로 붙이면 완성되는데, 한 송이에 대략 7분이 걸렸다. 이걸 수십 개 만들고 나면 이미 밖은 어두웠고, 내 손은 딱풀과 본드가 묻어서 굳은 시커먼 때 범벅이었다. 퇴근 시간이 훌쩍 지난 저녁까지 이 짓을 하고 또 했다. 아무도 시킨 사람은 없었다. 그저 아이들이 좋아할 걸 생각하면서 나 스스로 고생을 사서 했다. 컬러 프린트 및 플로터도 다 있는 학교에서, 나는 자체 가내수공업 공장을 풀가동했다. 나의 갸륵한 정성이 아이들에게 학습 동기가 되어주길 바라며, 공을 들여 탑을 쌓고 또 쌓았다. 그리고 매해 3월마다 몸살을 앓았다.

나의 교육 꿈동산은 아마존처럼 날로 무성해졌다. 하루가 다르게 싱그럽게 자라나는 아이들은 그 어떤 나무보다 파릇파릇 눈이 부셨다. 나는 아이들에게 '자중자애(自重自愛)'와 '교학상장(敎學相長)'을 쉽게 풀어서 자주 얘기해줬다. 교단에 서서 아이들과 호흡하다 보니 나름의 교육관도 정립되었다. 내가 생각한 교육의 목표는 아름답고 존엄한 '사람 꽃'을 피우는 거였다. 이를 위해 교사와 학생이 함께 가르치고 배우며 성장하는 정성스러운 활동과 시간이 바로 교육이라고 생각했다. 모든 꽃은 저마다의 아름다움을 다채로운 지니고 있다. 나는 내 영혼의 열망과 육신의 열정을 쏟아부은 이 꿈동산에서 학생 한 명 한 명이 모두 각자의 고유한 잠재력을 발현할 수 있기를 소망하였다. 이 숲의 주인공인 나의 학생이 꽃을 만개하는 나무가 될 수 있도록, 나는 그들이 비빌 땅이자 거름이 되어주고자 부단히도 애썼다. 신록으로 무성해지는 꿈동산에서 나의 청춘도 그렇게 흘러 지나갔다.

일도사

교직에 10년 이상을 몸담아오면서 나는 여러 별명을 득했다. 그 변천을 훑어보면, 삶의 국면이 고스란히 묻어난다. 발령 직후 학생들과 선생님들은 날 더러 미코샘이라 불렀다. 복도를 지나가는 다른 반 혹은 다른 학년 아이들이 우리 반 학급안내판을 보고서, 여기가 모델샘 반이라고 떠들며 지나가는 걸 교실 안에서 듣기도 했다. 그러거나 말거나, 나는 언제나 학생들에게 나를 '정직하게 노력하는 사람'이라고 소개해왔다. 특별한 노력이 특별한 사람을 만든다는 메시지를 전하고 싶기에, 내게 먼저 관심을 주는 아이들이 여하튼 고마울 따름이었다. 내가 6학년 담임을 하던 해, 방과 후에 교무실에서 선배 선생님이 우스갯소리로 이런 얘기를 하셨다.

"선생님, 우리 반 예성이 사물함을 열어보니, 문짝에 아이유랑 선생님 사진이 나란히 붙어 있더라고요, 호호호."

그분은 1학년 담임이었기에, 의외였고 더욱 놀랐다. 아마 언니나 오빠가 우리 반일 수도 있겠다고 짐작했다.

나의 매일 아침은 모닝커피 이전에 모닝레터로 시작되었다. 출근해서 교실에 도착하면 내 책상에는 삐뚤빼뚤한 손글씨로 적은 아이들 편지가 한가득 놓여 있었다. 특별한 날이 아닌데도, 아이들은 정성이 가득 서린 글과 그림을 선물로 주었다. 수업을 모두 마친 후 청소 시간이 되면 아이들은 자기 자리 정리를 얼른 끝내고 득달같이 내게로 달려왔다. 시키지도 않았는데 내 책상 밑을 쓸어준다고 미니 빗자루를 들고 서로 난리였다. 한술 더 떠, 몇몇 아이는 내 신발까지 기어코 찾아와서 그걸 물티슈로 닦으려고 하길래 나는 경악을 금치 못했다. 귀하디 귀한 고사리손으로 이러면 안 된다며 혼을 내었다. 자리로 돌아가는 아이들 뒷모습을 보며 가슴이 먹먹했다. 이렇게 맑고 선한 아이들 마음에 나는 몸 둘 바를 몰랐고, 내가 할 수 있는 일은 그저 그들을 짝사랑하는 것이었다. 도저히 사랑하지 않을 수 없을 정도로 그들은 나를 행복으로 벅차게 했다.

신규교사 시절의 여름방학은 잔인한 나날이었다. 방학 2주가 넘어가면 아이들이 너무 보고 싶어서 진저리가 났다. 개학 날만 바라고 또 바랬다. 아이들이 없으니 내 존재 의미가 상실된 듯했다. 그들이 내게 선사한 기쁨과 사랑에 비하면, 내 사랑은 아무리 커도 초라할 뿐이었다. 내 얘기를 신처럼 받들며, 충성스럽게 이행하는 아이들을 보며 내 언행의 힘이 얼마나 대단한지를 실감했다. 아이들의 대단한 사랑이 나를 대단하게 만들었다.

아울러 나는 '전교에서 가장 무서운 선생님'으로 등극하기도 했다. 초등학생은 1분 전에 좋은 일로 칭찬을 들었다가도, 곧바로 혼날 행동을 하는 경우가 다반사다. 종잡을 수 없이 변화난측하고 순진무구한 것이 어린이들의 특성이다. 보드랍고 다정하게 백날을 얘기해도 개선이 없는 친구의 경우, 엄하고 단호하게 반성을 촉구해야 겨우 시정되는 것이 안타까운 현실이었다. 그래서 초등학교 담임교사는 엄부자모의 역할을 동시에 수행해야 한다. 우리 반 아이들이 착하고 바르게 성장하기를 간절히 원하는 만큼, 위악을 가장한 호랑이 호령도 주저하지 않았다. 나의 눈짓 하나에도 일사불란하게 활동하는 반 친구들 모습을 보고, 주변 선생님들은 그림 같다고도 말씀하셨다. 그 얘기를 들으면, 마음이 더 아팠다. 아이들이 잘 해내기 위해 얼마나 큰 노력을 기하는지 너무나 잘 알기에 가슴이 미어졌다. 그리고 학기 말, 아이들을 진급시키는 종업 날이 되면 언제나 펑펑 눈물이 났다. 내 진심을 이해해준 아이들이 한없이 고마운 만큼, 따끔하게 혼낸 시간이 너무나 미안했다. 인기에 영합하지 않고, 매서웠던 나를 아이들은 너른 호수처럼 품고 온전히 이해해줬다.

첫 임지에서 3년 반을 근무한 다음, 서울로 이사했다. 나의 두 번째

임지는 혁신학교로 개교한 50학급 이상의 큰 학교였다. 2학년을 맡게 되었고, 여느 때처럼 모든 열정을 불살라 손수 교실을 화사하게 꾸몄다. 그 모습을 인상적으로 본 당시 교무부장은 가을 학교 축제 포스터를 부탁했고, 아이들과 협업해서 의미 있는 그림 작품을 완성했다. 그리고선, 다음 해 부장 인선에 나를 추천했다. 그때 난 아직 신규인 2급 정교사였지만, 기꺼이 제안을 수락했다. 20대에 부장 보직을 맡는 건 상당히 두렵고 부담된 일이었다. 그러나 내 안의 나는 드디어 기회를 잡았다는 쾌재를 외치고 있었다. 발령 이후 몇 년간 아이들에게 모든 에너지를 쏟은 결과, 수업과 생활지도 면에서는 이미 완성의 고지에 도달한 듯한 느낌이 들었다. 이제 학급운영에서는 어떤 상황도 두려울 것 없이 안정적이었기에, 살짝 권태로움이 스며들던 시기였다. 그래서 업무적인 부분에서 성장 욕구가 컸었고, 폭주하는 기관차처럼 업무 추진에 열을 올렸다.

내가 몸담은 이 필드는 정년이 보장된 속성을 지닌다. 그래서 자칫하면 매너리즘에 빠질 수 있음을 나는 일찍 감지했다. 권태에 몸부림치는 나 자신은 생각만 해도 끔찍하고 참을 수 없었다. 그래서 나는 필사적으로 몸부림치며 그 상황을 예방하려고 노력했다. 그것은 학교에서 수업도 업무도 더더욱 잘하고 싶은 욕망에 부응하는 것이었다. 부장이 된 그해 여름방학 때, 나는 1정 연수를 받고 드디어 1급 정교사가 되었다. 본청에서 통보된 시험성적을 확인한 교감 선생님은 깜짝 놀라셨고, 만점 가까운 점수를 득한 나를 교무실 식구들과 함께 박수로 축하해주셨다. 남 앞에 서는 것을 너무 싫어하는 내가, 자원하여 연수생 전체 대표단도 맡고, 연수를 운영하는 연구사님도 돕고, 임용고시 이후 공부에 손 놨던 몸뚱이를 부단히도 혹사하며 치열하게 공부한 결과였다.

예체능부장을 하던 2년간 내 별명은 행사의 여왕이었다. 체육과 문화예술 관련 교육 활동을 기획하고 추진했다. 대부분의 학교행사와 시설관리도 내 몫이었다. 특히, 가을 학교 축제를 앞두고는 3개월간 밤 10시까지 홀로 남아 야근을 했다. 50학급의 전교 학생 수는 천 명이 넘었고, 그 수에 육박하는 학부모님 천 명, 교직원 백여 명까지 동참하는 일주일간의 축제 운영을 총괄해야 했다. 신설 학교로 개교한 이래 첫 축제였고, 관련 사례가 전무한 것이 난제였다. 광활한 흰 도화지를 2천여 명 교육 가족의 연대로 채우는 것이 내게 주어진 미션이었다. 축제 네이밍부터 슬로건과 비전 제시, 세부 계획 수립부터 구체적인 운영방안 모색, 지원인력 섭외까지 모든 것이 내 머리에서 나와야 했고, 내 손과 발로 실현해야 했다. 나는 매일 수업이 끝나자마자, 학교 밖 사람들과 릴레이 미팅을 했다. MOU를 맺고, 아이들이 좋아할 만한 프로그램을 함께 기획했다. 정말 많은 외부인들을 만났고, 대화를 나눴고, 행사를 준비했다. 간혹 내가 교사가 맞는지 정체성에 의문이 생길 정도였으니, 새로운 도전임은 분명했다. 퇴근시각까지는 협의를 했고, 이후에는 수렴한 내용을 담아 계획서를 만들었다. 고생하는 나를 위해 가끔 선배들이 우리 교실에 들러 간식을 건네거나, 저녁을 사줬다. 뒤에서 독려해준 그 언니들이 없었다면, 나는 중간에 주저앉아 포기했을지도 모른다. 피와 살을 갈아 넣은 최종계획서를 교장 선생님께 드리니 이런 계획서는 처음 봤다고 극찬하셨다. 그리고 축제 기간 동안 모든 교육 가족이 다 함께 힘을 모아, 아이들의 배움에 연대했고, 즐거운 시간으로 기억해줬다. 그걸로 충분했다. 해냄의 희열은 과거와 현재와 미래의 고통까지 마취시켰다. 그동안의 고생은 전혀 고생이 아니었고, 맨땅에 헤딩도 전혀 아프지 않았다. 앞으로 어떤 난제가 닥쳐도 다 해낼 수 있을 것만 같았다. 나만 열심히 하면 다 될 거라는 확신에 몸이 전율했다. 해냈다는 기쁨은 나를 더욱 채찍질했다.

닥치는 대로 일을 받고 일을 했다. 혹여 우리 부서 계원이 병가나 휴직으로 공백이 발생하면 그 업무까지도 내가 다 백업했다. 나날이 일도사로 거듭났고 마냥 즐거웠다. 일을 척척 해내는 나 자신이 멋있다고 느꼈고, 권태가 전혀 생기지 않는 현재가 짜릿했다. 그러나 시간은 유한했다. 내가 할 일을 아무리 잽싸기 잘 처리해도, 업무는 화수분처럼 몸집을 더욱 불려 나갔다. 워낙 업무량이 많았기에 칼퇴근은 있을 수 없었다. 돌봄 업무까지 겸한 후에는, 저녁 돌봄이 끝나는 9시까지 남아서 관리 업무를 했다. 그런 내가 딱했는지, 친한 친구 수정이는 자조적인 목소리로 나를 위로했다.

"쥬야, 우리 일급 6만 원이야. 몸 좀 사려."

맞는 말이었다. 당시 신규교사 초봉은 180만 원 정도였다. 주 5일제 시행 전이라, 토요일도 등교를 하던 시절이었다. 한 달을 30일로 보고 나누면, 일급은 6만 원, 시급은 7500원인 셈이었다. 참 감사하게도, 친구의 단순한 그 한마디는 열정페이로 급발진 일변도였던 나를 잠깐 멈추게 했다. 그리고 현실을 반추하게 했다.

　나는 대학생 때 틈틈이 과외 아르바이트를 했었다. 니즈가 높은 학생의 경우 하루 2시간 과외비로 30만 원을 받은 적도 있었다. 이를 단순히 비교하면 차이가 무려 20배나 된다. 계산이 끝난 순간 마음 한 곳에서 씁쓸한 물이 밀려 올라왔다. 그러나 쓰라림도 잠시, 이미지 한 컷이 불현듯 떠오르며 마음이 이내 편안해졌다. 졸업식 날 곱게 단장하고 학사모를 쓴 채 찍은 독사진이었다. 교대 교정 가운데 '스승의 길'이라 새겨진 상징석 앞에서, 오른손을 힘껏 쥐고 파이팅을 외치던 나였다. 아련한 추억에 휩싸이면서 아까 잠깐 굳었던 마음은 마시멜로처럼 말캉해졌다. 마시멜로 위로 달달한 설탕도 서걱서걱 흩날렸다. 초임교 인사발령통지서를 받으러 간 교육청에서 낭독했던 '사도헌장' 문구들이 설탕처럼 머릿속에 쏟아졌다. 애초에 돈을 바라고 입직한 게 아니었다. 내가 잘할 수 있는 일, 내 영혼이 좋아하는 일, 내 이성이 무궁한 잠재력을 지닌 꿈나무들과 함께 성장할 수 있는 일을 하는 거였다. 이곳에 몸담아 일하는 현재의 행복이 과분할 따름이었다. 사랑하는 친구가 쏘아 올렸던 위로의 말은 그 이후에도 가끔 떠올랐다. 번아웃 위기가 닥칠 때면 자연스레 생각이 났다. 적당히 일하자는 '보신주의' 느낌표가 아니라, 교직에서의 이 행복을 오래 영위하기 위해 건강도 잘 챙기자는 '자중자애'의 큰 쉼표가 되어주었다.

사이렌

학교와 지역이 함께하는 마을교육과정을 창의적으로 기획하고 혁신적으로 운영하며 거둔 혁혁한 성과들은 내게 현장 실천가로서 자긍심을 만끽하게 해 줬다. 2년간 예체능부장을 맡아 행사의 여왕으로 발로 뛴 내게 당시 연구부장님은 넌지시 물었다.

"여부장님~ 내년에는 연구부장을 해보면 어때요? 보통 교무부장은 교내 연장자 중에서 맡아도, 연구부장은 학교의 브레인이라서 없으면 밖에서 데려와야 해요. 내가 교무를 할 테니까, 자기가 연구를 해봐요. 내가 옆에서 도와줄게요. "

초임 때부터 선망하던 일이 내게 다가온 순간이었다. 마음으로만 꿈꿨고, 감히 엄두도 못 낼 일이었건만……. 너무나 감사하게도 현임 연구부장님이 내게 그 보직을 넘겨주셨다. 그렇게 교직 7년, 부장 3년 차에 나는 대규모 혁신학교의 연구부장이 되었다. 학급, 학년, 학교 교육과정을 총괄 기획하고, 특색 및 역점교육을 브랜딩 하는 일은 머리에서 시작해서 발끝까지 실천하며 다시 마음으로 정착하는 긴 여정이었다. 학교의 비전과 목표는 고유한 빛을 발현해야 하기에, 전체 학생, 교사, 학부모의 실천력을 담보해야 했다. 실천을 통해서만 교육과정은 살아 숨 쉴 수 있다. 생동하는 교육과정을 운영하려면 학교 교육공동체의 생각을 오롯이 담고, 교육청의 정책 철학도 품어야 했다. 학교가 가정, 지역, 교육청과 괴리되지 않고 같은 방향으로 잘 나아가기 위해, 학교 안팎의 교육 요구를 잘 파악했고, 교육청 및 교육부의 정책문

건도 제대로 해석하고 반영했다. 아울러 매일 교장, 교감, 교무부장과 긴밀한 협의를 통해 학교 살림을 밀착 케어했다.

학교의 교육과정이 내 머리와 손을 통해 완성되고, 입을 통해 전달하는 기쁨은 매우 컸다. 매년 3월 초, 학부모총회 때 천여 명의 학부모님께 본교 교육과정과 평가 전반을 알려 드리는 자리는 연구부장만의 특권이자 큰 부담이었다. 교육 현장의 장면들이 사실감 넘치도록 정확하게 담겨야 하는 교육과정 문서 작업은 극도의 치밀성을 요구했다. 300페이지가 넘는 학교 교육과정을 완성할라치면 학년 말, 학년 초 수개월 동안 극심한 두통에 숨도 턱턱 막혔다. 그렇게 온몸으로 수개월간 교육과정을 잉태하고, 3월에 결재를 득하여 수립, 즉 출산했다. 일련의 과정이 너무나 고통스러웠지만, 완성하고 운영할 때의 희열이 마약처럼 나를 붙들었다. 도저히 그만둘 수 없을 정도로 나는 일에 중독되었다. 그렇게 지금껏 8년 동안 쉬지 않고 계속 연구부장을 도맡아 했다.

학교를 옮겨서도 나는 항상 연구부장이었고, 교무부장은 매해 바뀌었다. 연구부장 직을 오래 할수록 역량도 높아져서, 학교 간의 지역 교육과정 거버넌싱과 교육청 협력사업 네트워킹을 확장했다. 교육청이나 교육부 연구학교를 공모해서 선정되는 성취도 많이 누렸다. 온몸으로 부딪쳐 행한 다음 페이퍼로 완성한 계획서였기에, 내 손을 거친 공모 신청서는 거의 다 채택되었다. 연구학교 주무로서 사업을 총괄하는 기저에는 피나는 고민과 뼈를 깎는 고통이 항상 있었다. 이러한 노고를 통해, 여러 선생님들이 승진가산점과 전보가산점을 득하고, 학교장이 초빙교원을 받을 수 있는 포문을 연 건도 많은 보람 중 하나였다. 일하면서 가장 기뻤던 때는, 복잡다단한 업무 절차가 나의 고민과 노력을 통해 훨씬 간결하고 효율적으로 변하는 순간이었다. 다양한 주체들의 의견을 수렴하고 전달할 때도, 사람들이 나의 말과 글을 통해 즉각적인 이해가 가능하도록 워딩과 표현을 최대한 가다듬고 정제하였다. 공을 들인 세련된 메시지는 즉각적이고 깔끔한 피드백으로 응당 돌아왔다. 내가 좀 더 오래 고민하고 정확하게 해석하면, 복잡한 구조에서 간결한 핵심을 추출할 수 있었다. 에센스가 반영된 메커니즘을 적용했더니, 많은 이들의 불필요한 노고가 확 줄었다. 나의 고민 과정은 비록 거칠고 험준했지만, 결과는 매끄럽고 세련된 소통 프로세스를 창출했다. 업무를 보다 간결하고 효율적으로 개선할 때마다 나는 속으로 참을 수 없는 희열을 느꼈다.

깨어있는 정신과 뜨거운 의지, 치열한 반성으로 현장을 이해하고 문제를 해결하고자 노력했다. 단 한 해도 거르지 않고 10년 넘게 부장을 연임하며 교육 전반에 걸쳐 창의적인 업무 달성에 기여했다. 한 해 한 해 치열하게 나아가다 보니, 바라지 않아도 상은 따라왔다. 매년 교육청 표창장과 위촉장을 여러 건 받다 보니, 100장이 넘는 표창장과 위촉장이 쌓였다. 이른 나이에 교육부 장관 및 사회부총리 표창을 받았을 때는 온 가족이 기뻐했다. 교육 실천의 우수성을 인정받아서, 교육부 연수 강사로 전국의 선생님들께 사례 발표를 했을 때는 가슴이 뭉클했었다. 이렇게 업무에 쏟은 피, 땀, 눈물은 내게 벅찬 경험을 선물로 주었다.

모두가 기피하는 중책인 연구부장을 맡으면서도 학급 담임을 놓지 않았다. 교직 14년 내내 담임교사로 임하면서 가장 귀한 교육 주체인 학생들을 매일 만났다. 나는 우리 학급 아이들 소속이었고, 그들은 나의 보물이었다. 아이들과 함께 가꾼 화사한 교실에서 우리는 매일 만나 무럭무럭 자랐다. 내가 세상의 지혜 하나를 속삭이면, 아이들은 더 큰 반짝임을 담은 앎으로 우렁차게 화답했다. 격무에 시달려 피폐해진 나는 아이들 덕분에 숨 쉴 수 있었다. 그들의 밝은 웃음이 나를 구원하는 유일한 산소였다. 교학상장의 길에서 함께 웃고 울고 아프면서 나도 아이들만큼이나 무럭무럭 자랐다. 수업과 업무를 오래 많이 할수록 감각은 살아났다. 이 감각은 초 단위로 움직임을 분석하는 프로의 세계에서만 느낄 수 있는 세밀하고 꼼꼼한 그리고 민감하고 정확한 느낌이었다. 그동안 차곡차곡 쌓은 아카이브의 힘과 본능적인 감각을 타고 모든 일이 물처럼 흘러가는 경지에 이르렀다. 학교 현장에서 내가 접할 수 있는 업무는 거의 다 섭렵하고 나니, 안정감은 다시 이면의 권태로 나를 위협했다. 내 가슴 깊은 곳에서 사이렌이 울렸다.

내게는 실로 새로운 국면이 필요했다. 본능이 암시한 경종 신호를 민감하게 인지했다. 나는 적극적으로 다음 단계를 모색했다. 그동안 매년 아이들과 가까이에서 만나왔다. 그러나 1년에 내가 직접 만날 수 있는 친구는 기껏해야 학급 내 30명 정도였다. 욕심이 났다. 기존의 교육체제를 개선한다면 더 많은 학생들에게 좋은 교육을 펼칠 수 있을 거라는 확신에까지 생각이 도달했다. 나는 교육전문직에 도전하기로 결심했다. 수채화 화실에서 수년간 함께 그림을 그리며 나를 예뻐하신 이웃 학교 교장 선생님의 소개로 나는 대단한 멘토를 만나게 되었다. 장학관 출신 퇴임 교장이신 멘토님 덕분에 초중고를 아우르는 훌륭한 부장님들과 학습팀을 꾸렸다. 학습 팀원들은 다들 내로라하는 교육경력을 지닌 분들이었다. 현직에서 오랫동안 교무, 연구, 인권 등 핵심 부장으로 일한 경력은 기본이고, 수년간 정책을 공부해서 내공이 깊은 프로들이었다. 우리는 함께 win-win 해야 하는 운명공동체였기에, 서로의 모든 것을 걸고 시험공부에 매진했다. 나는 팀의 막내였지만, 공동체에 절대 폐가 되기 싫었다. 죽을힘을 다해 공부했고, 팀 과제를 완벽하게 완수했다. 내가 공들여 만든 페이퍼를 팀원에게 공유하고, 핵심 내용을 발제했다. 매일매일을 시험 전날처럼 살았고, 학교 근무가 끝나고 퇴근 시각 이후부터가 진짜 살벌한 시간이었다. 퇴근 후 나는 공부전쟁터인 집으로 다시 출근하였다. 잠자는 시간을 줄이고 또 줄이고, 학습 시량을 늘이고 또 늘이면서, 몸은 마르고 또 말라 갔다. 시간이 흐르는 것도 망각한 채, 미친 듯이 나를 공부로 채우고 또 채웠다.

코로나가 세상을 엄습한 이후로는 온라인에서 팀 학습을 지속했다. 학습공간인 '공부방'을 만들고 토요방, 일요방, 화요방, 수요방, 목요방 등 거의 매일 만났다. 학습한 내용을 나누고, 테스트와 피드백을 반복했다. 팀 러닝도 매우 자주 했지만, 그보다 열 배 이상의 시간을 들여 혼자서 공부했다. 내가 많이 알아야 팀원들에게 기여할 수 있고, 또한 결국 혼자만의 싸움이기 때문이었다. 시간은 흘러 흘러 드디어 시험일에 임박했다. 멘토님께서는 내가 실력, 내공, 명석함 등 모든 면에서 에이스라서 반드시 수석 할 거라고 누누이 호언장담하셨다. 많은 이들의 기대를 등에 업고, 시험장에 앉아 문제지를 받아 들었다. 처음 도전한 전문직 시험지 앞에서 나는 깜짝 놀랐다. 문제가 기대 이하로 너무 평이하고 쉬웠다. 시험에 만전을 기하기 위해, 교육 관련 모든 것을 대비하고 공부했던 터였다. 심지어 해외 교육 논문 및 포럼 원고까지도 섭렵해서 어려운 문제에 대비했던 나였다. 허망한 마음으로 14장의 시험지를 가득 채웠고, 찜찜한 마음으로 고사실을 나왔다. 1차 시험 발표일, 나는 너무나 담담했다. 당연히 합격했을 것이고, 그 뻔한 사실 앞에서 전혀 긴장되지 않았다. 오후 3시, 교육청 홈페이지에 광속으로 접속했다. 그런데 심장이 쿵. 1차 합격자 명단에, 당연히 있어야 할 내 수험 번호가 보이지를 않았다. 진심으로 내 두 눈을 의심했다. 이건 뭐가 잘못되어도 한참 잘못된 게 틀림없었다. 다시 심기일전해서 두 눈을 부릅뜨고 집중해서 명단을 봤다. 또 보고 또 봐도 내 번호는 없었다. 내 눈앞의 온 세상이 무너져 내렸다.

내가 느낀 충격 못지않게 가족과 지인들의 당혹감도 컸다. 그러나 타인들의 반응은 내 안중에 없었다. 나는 절체절명의 충격에서 헤어

나오지 못하고 그저 혼미할 따름이었다. 밤이 되었다. 침대에 누웠지만, 내 의식 속 시각은 여전히 오후 3시였다. 새벽 내내 인정할 수 없는 결과를 부인하며 몸서리쳤다. 날이 밝았지만, 내 눈은 여전히 칠흑보다 캄캄한 어둠을 보았다. 출근하는 버스를 탔다. 온 우주가 박살이 나버렸는데, 세상의 아침은 너무나 멀쩡했다. 만원 버스 속 사람들은 다들 평온하고 행복해 보였다. 내 모든 것이 파괴되고 바스러졌는데, 나를 뺀 세상은 놀랍도록 멀쩡했다. 이 사실이 참을 수 없이 서러웠고, 또다시 극도로 분노했다. 아무리 분개하고 부인해도, 내가 떨어졌다는 현실은 그대로였다. 사람들을 멍하니 바라보던 눈을 창밖으로 향했다. 시선을 돌리자마자 눈에서 폭우가 쏟아졌다. 속절없이 흐르는 눈물은 콧물과 함께 온 얼굴을 덮었다. 마스크 안으로 눈물 범벅된 얼굴이 들킬까 봐 소리를 꾹 참으며 계속 울었다. 마스크 덕분에 나의 오열을 버스 안 아무에게도 들키지 않았다. 숨어서 목놓아 우는 나 자신이 너무나 참담했다. 눈물을 가려준 마스크가 고마웠다. 마스크가 필수인 코로나라서 다행이라 여기는 나 자신이 견딜 수 없도록 불쌍했다. 세상 모두에게 버림받은 듯한 냉혹한 참담함은 뼛속까지 시리게 파고들었다. 출근길을 가득 채울 만큼 눈부신 5월의 햇살은, 나를 찬란한 슬픔의 봄으로 추락시켰다.

시간은 흘렀고, 죽고 싶을 만큼 치욕스러운 나는 여전히 살아있었다. 분노 구렁텅이에 빠진 상태로는 더는 버틸 수가 없었다. 나는 살아야 했고, 살아갈 명분을 찾아야 했다. 감히 날 떨어뜨린 이 시험을 버려버릴까도 수없이 생각했다. 그러나 그러기엔, 죽을 만큼 노력했던 나의 귀한 청춘이 너무나도 아까웠다. 긴긴 세월을 고스란히 교직에 바쳤고, 뼈가 부서져라 일하면서 현장에 기여했다. 실전 경험을 기반으로 모든 교육정책을 완벽하게 해석하고 통달하였다. 시험 응시자들 중에 나이는 가장 어렸지만, 부장 경력 및 표창과 업적 면에서는 어느 누구보다 월등했던 나였다. 상반기 모범공무원 표창을 위해 작성한 공적조서가 총 41쪽에 달할 정도로 필드에서 탁월했던 나였다. 여기서 그만두는 건 그동안 몸 바쳐 희생한 내 인생에 대한 반역이었다. 다시 한번 마지막으로 내 모든 것을 걸어 보기로 결심하였다.

세상을 모두 잃은 자는 두려울 것이 없었다. 나는 너무나 가난했다. 다시 도전할 전쟁에 내포된 죽음만이 나의 전부였다. 하찮은 인간인 내가 전혀 알 수 없는 새로운 시간만이 새로운 싸움을 싸워나갈 수 있는 유일한 바탕이었다. 따라서, 가장 먼저 내가 한 일은 나를 하얗게 지우는 것이었다. 알량하게 남아있던 내 모든 자존심을 지구 내핵까지 처박아버렸다. 실패를 초래한 원인을 샅샅이 분석해서, 모든 책임을 내게로 돌렸다. 아무리 쉬운 문제라도, 답안은 가장 빛나고 평범을 뛰어넘게 써야 했다. 문제의 표면상 내용을 넘어, 본질적 의미를 통찰하는 최고의 답안을, 나의 모든 앎을 농축해서 완벽하고 아름답게 담아냈어야 했다. 시험지를 받아 든 순간 번뜩였던 나의 자만심이 나를 무참히 실패하도록 한 것이었다. 실패자인 나는 이제 사람의 영역을 넘어서는 노력을 통해 실력과 자세를 다시 재건해야 했다.

그런 나에게 정상적인 의식주는 허락되지 않았다. 세상의 모든 즐거움을 버리고, 모든 숨에 절제를 불어넣었다. 숨 쉬는 모든 순간을 성찰과 공부로만 채웠다. 밑바닥에서 공부하는 자에게 귀걸이는 말도 안 되는 허영과 사치였다. 화장품, 원피스, 액세서리 따위를 모조리 창고에 집어넣고 가장 미천한 행색으로 일관했다. 혼자 있는 시간이 되면, 내 눈은 정책문건만 보았고, 내 귀는 그것을 녹음한 내 목소리만 들었다. 자면서도 공부했고, 깨어서도 공부했다. 오로지 학습하고 암기하고 반성하고 성찰했다. 300쪽이 넘는 논문을 매일 한편씩 정독해서 답안에 녹여냈고, 근사한 워딩 하나를 건지기 위해 두꺼운 단행본도 하루 만에 독파했다. 공부한 책들은 온 집안에 가득 쌓여만 갔다. 침대 가장자리까지 쌓아 올린 책 무더기를 피해 겨우 쪼그리고 새우잠을 잤다. 등을 펴고 반듯하게 누울 수 없었기에, 잠은 깊이 들지 못했고 두세 시간 만에 바로 깨어나 다시 책상 앞에 앉았다. 그냥 나는 나이기를 포기했다. 그래야 고통이 덜했다. 내 처지의 참담함에 몰입하면 곧장 죽을 것만 같았기에, 살기 위해 오로지 공부 생각만 했다. 공부하는 나를 공부하는 메타인지만 가동했다. 어떤 난관도 헤치고 나갈 나만의 칼을 갈고 또 갈았다.

결전의 날이 되었다. 아침 일찍 콜택시를 불러 타고 빈속에 홍삼 진액 두 봉지를 목구멍에 때려 넣었다. 작년 첫 도전 때의 흥분 따위는 전혀 없었다. 그저 가슴이 웅장할 뿐이었다. 어떤 공격도 맞설 준비가 모두 끝났으므로, 내 인생을 가를 문제를 숙연히 기다렸다. 어떤 문제가 나오더라도 나는 맞출 것이었고, 단 한 명을 뽑더라도 내가 뽑힐 정도로 단단하게 중무장했다. 세상의 어떤 변수에도 끄떡없을 정도로, 강력한 핵무기를 보유한 채 전쟁터로 향했다. 언제나 상상했었다, 시험장의 공기를. 늘 생각했었다, 시험이 끝났을 때의 나를. 시험이 끝나는 그 시각, 나의 백골은 다 흩어지지 않을지, 내 몸이 모조리 다 부서져서 날아가지 않을지를 상상했다. 내 인생의 모든 시간은 그 순간에 집약되었다. 그 순간이 닥치면, 모든 것을 토해낸 나는 복도에 주저앉아 펑펑 울 것 같았다. 왜냐면 내게 허락된 모든 시간이 끝났기 때문이었다. 그렇게 오지 않을 것 같은 미래, 너무나 두려운 미래, 언제나 숨 쉬던 미래가 현재가 되었고, 시험이 끝났다. 그렇게 두 번째 나의 도전이 장렬히 막을 내리고, 내 시간은 거기서 멈추었다.

시험이 끝나자마자 기차를 타고 언니네 집으로 내려갔다. 내 모든 것을 주어도 부족할 만큼 너무나 사랑하는 조카 도은이가 나를 안아줬다. 아기는 내 생명의 신이었다. 세상에서 가장 고결하고 순수한 존재인 우리 아기를 보면, 절망감이 희망으로 소생했다. 도은이를 보러 가는 건, 무참한 고생을 한 내게 주는 가장 큰 선물이었다. 아기 공주는 부엌에서 스타벅스 컵에 정수기 물을 받아서 내게 갖다 줬다. 도은이가 말했다.

"이모, 이것 봐. 컵에 이모가 그려져 있네? 이건 이모 컵이야, 이모 컵."

스타벅스 컵에는 사이렌 얼굴이 그려져 있었다. 인어의 모습에서 모티브를 딴 사이렌 얼굴이 나와 닮았다고 느꼈나 보다. 바다를 자유로이 유영하는 사이렌이 부러웠다. 내 심장에서는 계속 사이렌이 울렸다.

시험이 끝나고 발표일까지, 나는 내가 아니었다. 내가 있는 세상에서 나는 살지 못했다. 이승인지 저승인지, 피아를 식별할 수 없는 상태에서 오직 신의 뜻을 기다릴 뿐이었다. 발표 전날, 이미 나는 제정신이 아니었다. 퇴근 후, 억수로 내리는 비를 뚫고, 예술의 전당 챔버홀로 향했다. 이날 연주회는 화음 챔버 오케스트라의 '소음과 음향'이라는 '세상의 모든 소리 프로젝트' 공연이었다. 혼미한 내 정신을 돌려준 건 아이러니하게도 불협화음이었다. 첼리스트가 선보인 이 날의 연주는 또다시 재연하기란 절대 불가능해 보일 정도로 선율은 너무나 괴이했지만, 신기하게도 무질서 속에서 질서가 느껴졌고, 효란했던 내 마음도 눌러주었다.

최종 발표 당일, 전날의 연주회 덕분에 영혼의 격앙된 흥분을 겨우 잠재우고 담담한 마음으로 학교에 출근했다. 머릿속에서 지난 세월의 파노라마가 펼쳐졌다. 나는 세상에서 가장 낮은 곳까지 한없이 내려갔었다. 모든 걸 내려놓고 문을 두드리고 또 두드렸다. 사력으로 버티고 버티다 못해, 끝내 나를 내려놓고 싶을 땐 살려달라고 몸부림쳤고, 구해달라고 신께 빌었다. 온몸으로 부딪친 나는 산산조각이 났다. 어느

한순간도 절대 쉽지 않았다. 그냥 혼자서 꺽꺽대며 눈물이 흐르는 순간은 심장이 찢어지기 일보 직전이었다. 고행의 대장정을 마치고 결과를 기다리는 대천명의 시간……. 이승도 저승도 아닌, 현세도 내세도 아닌, 이 세상 어디에도 속하지 못한 죄의식이 항상 나를 지배했었다. 상실된 나의 정체성을 제발 찾고 싶었다. 내가 갈 곳이 교육청인지 한강물인지를 판결받는 기로에 서서, 나의 목숨이 달린 발표를 기다리고 기다렸다. 내가 진심으로 최선을 다했음을, 사람이 할 수 있는 모든 걸 다했음을 오직 신만은 아실 거라고 믿고 또 믿었다. 처절할 만큼 가여운 나를 부디 굽어살펴 주시기를 애원했다. 나를 구해주시면, 나를 살려주시면, 내가 세상을 구하겠다고, 간절하고 간절하게, 기도하고 기도했다.

오전 내내 수업을 하였다. 아이들과 교실에 함께 있으니 그나마 마음이 든든했다. 분주하게 국어를 가르치다가, 쉬는 시간에 잠깐 컴퓨터 앞에 앉았다. 업무 메신저 팝업을 알리는 주황색 불이 깜박였다. 왠지 모를 싸한 기분과 함께, 주변의 공기가 철근처럼 가라앉았다. 메시지를 여는 찰나가 영겁처럼 느껴졌다. 이웃 학교 교감 선생님께서 보낸 쪽지를 보자마자, 나는 교실 바닥에 무릎을 꿇고 그대로 주저앉았다.

"부장님, 최종 합격을 축하드립니다! 그동안 정말 고생 많으셨습니다."

교장 선생님들과 본청 장학사님도 카톡으로 메시지를 보내주셨다.

"우리 여부장이 최연소 합격자네요, 대단해요. 축하합니다!"

드디어 응답을 받았다. 내가 뜻을 펼칠 수 있도록 허락해 주신 것이다. 순간 기쁘지 않았다. 감히 기쁠 수 없었다. 그저 너무나도 다행스러울 뿐이었다. 이젠 나도 사람답게 살 수 있다는 허락을 받아, 너무나 감사했고 안도했다. 암담함, 참혹함, 비정함, 슬픔과 연민으로만 가득 찼었던 고통의 세상에서 탈출해, 이제는 희로애락(喜怒哀樂)을 모두 다 느껴볼 수 있어서 참으로 다행이었다.

"우리 딸, 이제 일상으로 돌아와서 편히 좀 쉬어라."

아빠가 보내신 카톡 메시지를 보고 또 보았다. 두 눈이 뜨거워지고, 가슴에 눈물이 차올랐다. 아버지의 목소리가 심장에서 쿵쿵 울려 퍼지면서, 니체의 글이 떠올랐다.

"세계를 상실한 자는 자신의 세계를 획득한다."

기존의 자신을 죽이고 극복할 수 있을 때만이 새로운 자기를 창조할 수 있다는 것을 이제 나는 뼈저리게 알게 되었다.

한강으로 갔다.

강물을 바라본다.

물결이 잔잔하다. 마음이 편안해진다. 이렇게 자연 앞에서 사색하는 게 얼마 만인가. 가만히 침잠할 수 있는 이 시간이 너무도 감사하다.

바람이 분다.

강 표면을 훑어서 물결을 일렁인 다음, 내게로 다가온다. 바람은 내 마음의 결도 살포시 어루만져 준다.

세상으로 나아간다.

앞으로 나는 분명 많이 아플 테고, 많이 슬플 테다. 그러나 이미 고통의 극한을 겪었기에, 좀 더 차분하게 받아들일 수 있을 것이다. 한강물의 깊이를 가늠하며 가만히 들여다보다가, 눈을 감는다. 내 마음속 보이지 않는 내밀한 곳까지 닿기 위해 강바람을 깊이깊이 들이마신다.

내 마음 속 나를 찾는다.

내가 보인다. 여리고 순수한 내가 보인다. 내 이마를 가만히 쓰다듬어 준다. 마음껏 세상을 만나라고 토닥토닥.

동경 : [소설]

음시은

음시은　　글은 읽어주는 사람이 있을 때 그 가치를 가지게 된다고 생각합니다. 지
금껏 저의 글은 독자가 오롯이 저 한명 뿐이었습니다. 그래서 누군가의
잣대로 평가된 적도, 그만큼의 가치를 가진적도 없습니다. 때로는 공책
귀퉁이에 끄적인 낙서처럼 잊혀지기도 했고, 휴대폰 메모장에 적었다 며
칠뒤 삭제되는 파일로 버려진 적도 있습니다. '동경'은 그렇게 조각조각
남겨둔 자투리를 모아 하나의 이야기로 엮은 글입니다. 어릴 적 그 누군
가를 동경하던 저의 마음처럼, 이 글을 읽으시는 여러분들도 누군가를
선망해보셨을까요. 그리고, 우리도 누군가에게 동경의 대상으로 남았던
적이 있을까요.

instagram: @siiiieun_r
email: sieun6981@naver.com

'너 한유수 기억해?'

간만에 연락해선 뜬 소리만 한다 싶던 고향친구는 이야기가 다 끝나갈 무렵에야 네 이름을 꺼내 들었다. 나는 익숙할 수밖에 없는 그 석자에 저주라도 걸린 듯 심장이 철렁 내려앉았다. 초조해진 마음에 조급하게 답장을 하려다 바짝 타들어 간 목을 축이려 종이컵에 남은 물을 한 모금 삼켰다. 찬기가 식어 미지근해진 물은 다소 거북하게 식도를 타고 내려갔다.

차가운 에어컨 바람이 나오는 사무실에 앉아있어도 한 번 들뜬 마음은 좀처럼 사그라지지 않아서 몇 번 와본 적도 없는 회사 옥상으로 어색한 걸음을 했다. 흡연과는 거리를 둔 지 오래라 사람도 없는 옥상정원에서 서성거린다는 게 새삼스러웠다. 바람 한 점 없는 날씨에 꽉 조인 넥타이 사이로 스며드는 더운 기운이 유독 불쾌했다. 그것이 너를 생각해서인지, 데워진 시멘트 바닥에서 느껴지는 열기 때문인지는 알 길이 없다.

어떻게 잊을 수 있을까. 너는 내게 하나의 계절이었다. 푸른 초목이

자 청명한 하늘이었고, 습하지만 뜨거운 날들이었다. 그래서 너를 생각하면 내겐 여름이 찾아왔고, 여름이 되면 버릇처럼 너를 앓았다. 주위를 둘러보니 초록의 절정을 맞이한 초목들은 쨍한 여름빛 아래서 천천히 익어가는 중이었다. 그래, 빌어먹게도 지금은 장마조차 지나간 8월의 한여름이다. 너를 떠올리기엔 너무 적절한 시기지 않은가.

'너랑 만나고 싶다는데.'

'연락처 남겨줄까?'

연이어 울리는 메시지 알람이 나를 재촉했다. 성급하게 무르익은 내 마음에 다음 계절 오기 전까지 너와의 여름을 끝내야만 한다는 것처럼. 하지만 아직 붉어지지도 않은 것을 선뜻 베어 물기엔 나는 늘 용기가 부족한 사람이었다. 과육이 맺히기에는 짧았고, 꽃을 피워내기까지는 길었던 너와의 여름이 종장을 향해 달려간다. 그 끝에 있는 것은 너의 붉은 마음일까. 나의 새파란 추억일까. 아직 영글기 바라지 않은 사랑이 예고 없는 바람에 흔들린다. 흐트려 놓았던 넥타이를 꽉 조여 매며 당장이라도 널 만나고 싶은 마음을 애써 억눌렀다.

유수와의 인연은 나의 꿈이 길을 잃은 뒤 불현듯 시작되었다. 이십대 초에 찾아온 슬럼프는 그 정도가 생각보다 심했고, 젊음의 아픔이라는 그럴듯한 이름으로 나를 괴롭혔다. 그렇게 청춘 어딘가에 남아있는 거창한 추락은 길가에 부스러진 벚꽃잎이 다 타버린 재처럼 변색하던 여름의 초입 무렵에 시작되었다.

6월, 겨울 한기를 물리친 새싹들을 보듬던 따스한 날씨는 뜨거운 열기로 변해 세상의 모든 초년생을 굴복시키는 듯했고, 봄날에 피어나던 열정 또한 예기치 못한 시련에 부닥쳐 주춤거리고 있었다. 고작 스물셋의 인생에 닥친 고뇌로 삶은 흔들렸고, 생활은 궁핍했으며, 내 곁에서 위로를 건네줄 친구들 또한 바쁜 일상으로 돌아간 뒤였다.

버려진 섬에 고립된 듯 무엇하나 충족되지 못한 삶에서 내가 내릴 수 있는 유일한 선택은 타지로의 도피였다. 그렇게 찾아가게 된 고향은 앞뒤로 논밭이 즐비해 있는 한적하고 평범한 시골 마을이었다. 예순이 넘은 나이에 머리가 희끗희끗하신 어머니는 오랜만에 귀한 아들이 돌아온다는 소식에 편치 않은 몸으로 아버지를 재촉해 시내에 있는 터미널까지 나를 마중 나오셨다.

그늘막 없는 주차장에서 땀을 뻘뻘 흘리며 하나뿐인 아들을 기다리신 두 분은 여름 햇볕에 그을려 검버섯이 박힌 손으로 무거운 짐 가방을 빼앗아 드셨다. 되었다며 손사래를 치는 내게서 기어코 그 무게를 덜어가시는 주름진 손등은 그간 못 본 새 지나가야만 했던 몇 해의 시간을 보여주는 듯했다. 다 자란 자식이건만 제 삶에만 치여 살며 두 분의 생애는 돌아보지 못했으니 씁쓸한 마음이 드는 것도 당연했다.

엑셀을 밟을 때마다 털털거리는 파란 용달 트럭을 타고 고향 집으로 향하는 길은 지나가는 사람 하나 없이 뿌연 흙먼지만 가득했다. 띄엄띄엄 떨어져 있는 푸른색 양철지붕 집들과 컹컹거리는 시골 개들의 울음소리는 비포장도로를 달리는 용달처럼 시끄러운 나의 현실과는 동떨어진 세계 같았다.

이토록 평화로운 시골에 숨어들면 나를 장악하는 불안도 조금은 무력해지지 않을까. 그런 생각을 하며 이곳으로의 도피를 합리화했다. 느리게 흘러가는 것들을 보고 있으면 내게도 나이테 같은 것이 생겨날 것만 같았다. 지나온 세월을 차곡차곡 쌓아둔 채 밑동만 남아있는 마을 어귀의 고목처럼, 내게도 인생의 척도를 가늠해볼 시간표가 절실했다.

그렇게 시작된 시골에서의 생활은 다소 무료한 일상의 연속이었다. 깨어있을 때는 종일 부모님을 도와 농사일을 했고, 고된 일로 지쳐 잠드는 통에 불현듯 잡념이 떠오를 새도 없었다. 그러나 날이 더워지며 밭에 나가 있는 시간이 줄어들자 다시금 찾아오는 무기력함은 어찌할 도리가 없었다.

복잡스러운 사람들 틈에서 느껴야 했던 도시의 적막은 잠겨있을 땐 숨을 막히게 했지만, 막상 도망쳐 나오니 현실에서 동떨어졌다는 고독이 사그라든 불안을 살살 꼬집었다. 나는 언제나 이 젊음이 애가 탔다. 당장 무언갈 이뤄낼 수 없다는 걸 알면서도 야금야금 깎여나가는 삶이 아쉬웠다.

그리고 그 감정이 극에 달했을 때 운명처럼 유수를 만나게 되었다. 유수는 자신의 청춘을 좀먹으며 영원토록 끝나지 않을 꿈을 사랑했다. 제 몸을 태워가며 조명에 부딪치는 나방처럼 그 애의 사랑에는 망설임이 없었다. 뛰어든 곳이 한낱 입김에 꺼질 불꽃이라는 걸 알지만 새까만 재가 되어가는 자신의 날개를 보면서도 빛나는 것들을 사랑했다.

그래서 유수는 나의 동경이 되었다.

그토록 무언가에 매달릴 수 있다는 사실이 부러웠고, 질투가 나기도 했다. 나도 무언가를 다 바쳐 사랑할 수 있을까. 앞뒤 재지 않고 덤벼들어 끝까지 해볼 수 있을까. 그런 생각으로 바스러진 꿈속에서 잔해처럼 남아있는 마음을 모아 한 줌 남은 것을 유수에게 전부 건네주었다.

'비가 없이는 꽃도 없다.'

그 애가 버릇처럼 하던 말이 다시금 떠올랐다. 잠겨 휩쓸려도, 어딘가에서 다시 피어나면 그만이지. 가슴을 뜨겁게 물들였던 그 말을 지금도 어딘가에서 하고 있을 그 목소리가 그리웠다. 왼뺨의 보조개를 보여주며 환히 웃던 그 모습도, 사랑의 말을 속살거리며 나를 꽉 끌어안아 주던 그 버릇도.

그때로부터 8년이 지난 지금, 너는 네 꿈을 이루었을까. 내 마음을 간직하며 살아가고 있을까. 그 사실을 알게 될 순간이 설렜고 한 편으론 두려웠다. 내가 기억하는 네가 더 이상 이 세상에 없는 것은 아닐까. 지나치게 섣부른 염려가 현실처럼 그림자를 드리운다..

퇴근길에 들른 음반 가게에서 익숙한 엘피판을 집어 든 채 잠겼던 과거의 상념은 구매를 재촉하는 사장님의 물음에 물거품처럼 흩어졌다.

"그거 살거요?"

머쓱하게 웃으며 고개를 저으려던 나는 음악을 틀 턴테이블조차 없으면서 충동적으로 손에 들린 것을 구매하고 말았다. 너와의 추억이 담긴 물건이라 그런지 집으로 오는 길 내내 왼손에 들린 쇼핑백이 유독 무겁게만 느껴졌다. 그래놓고 적막 가득한 집에서 홀로 마주하게 될 그 추억이 두려워 사 온 것을 꺼내지도 못한 채 방구석에 세워두었다.

친구 녀석은 내가 좀처럼 답이 없자 주겠다던 번호 대신 대뜸 공연 티켓 한장을 보내왔다. 8월 30일로 날짜가 적혀있는 하루짜리 티켓은 유명세와는 거리가 먼 밴드의 공연이었지만 그날 무대 위에 서 있을 사람이 누구인지는 묻지 않아도 알 수 있었다.

잠자리에 드는 순간까지 티켓에 적힌 밴드명이 머릿속에서 떠나질 않았다. 너와 내가 나누었던 과거의 시답잖은 이야기들 속에 그 이름이 존재했다. 후에 원하는 만큼 성공하고 나면 어딘지 모르게 촌스러운 그 이름으로 공연을 하고 싶다던 너와 그 이름이 마음에 들지 않아 그럴듯해 보이는 밴드명을 지어주려 머리를 싸매던 내가 기억났다.

'온유월'

유수는 내 이름을 꽤 좋아했다. 총 세 가지 이유가 있었는데 하나같이 특이한 것들뿐이라 아직도 기억에 남아있다. 첫째로, 여름의 초입이 되면 밴드의 공연 섭외가 가장 잘 들어오는 편이기에 유월을 좋아한다고 했다. 그다음으로는 발음할 때 동그랗게 모이는 입술이 귀여워

서였고, 마지막으로 유월이 되면 새로운 인연을 만날 수 있을 것 같은
느낌이 든다고 했다.

"여름에 만난 인연은, 잊을 수 없는 무언가가 있대. 그래서 나는 누
군가에게 여름에 만난 사람이 되고 싶더라. 오래도록 기억에 남을 수
있게."

아마 이런 이유로 유수의 '유월' 밴드는 그 이름을 갖게 되었다. 왠
지 부끄러운 기분이 들기도 했지만, 그 애의 꿈에 나의 일부가 자리했
다는 사실이 내심 좋았던 때도 있었다. 그랬기에 나는 내 이름으로 적
힌 '유월'의 초대를 거절할 수 있을 리 없고, 유수 또한 그 점을 잘 알
고 있을 테였다.

얼마 남지 않은 공연 날이 되어 무대 위에 선 너를 다시 만난다면,
너는 나를 어떻게 직시할까. 우리가 처음 마주했던 그 순간처럼 미온
의 인사를 건넬까. 그렇다면 나는 어리숙하던 그때처럼 널 바라보며
서투른 웃음을 지으면 되는 걸까. 분명 같을 순 없겠지만 여전히 여
름이라는 범주 속에 존재하는 만남은 그때와 별반 다르지 않을 것 같
았다.

시골집에 머문 지 한 달이 다 되어갈 무렵, 허물어진 닭장을 수리하
던 중 줄톱이 부러졌다. 결국, 새 톱을 사 와달라는 어머니의 부탁으로
오래간만에 노란 버스를 타고 시내에 나갔다. 이것저것 메모지에 적힌
물건을 산 뒤에는 잠시 PC방에 들러 하릴없이 시간을 때우다 번화가
를 떠돌았다.

시골에 매어두었던 번잡한 마음은 시내로 향하는 마을버스에 숨어 들었는지, 번쩍거리는 간판이 즐비한 거리에서 불쑥 존재감을 드러냈다. 이 작은 시골에서조차 번화가는 번잡했다. 사람들은 바쁘게 움직였고 그들의 발걸음에는 목적지가 있었다. 나 또한 저들 속에 섞이고 싶었지만 좀처럼 무엇을 해야 하는지는 알 수가 없었다. 그래도 해가 지기 전에는 집으로 돌아가고 싶지 않았다.

잡념을 떨치려 무작정 걸었고, 어디선가 흘러나오는 노랫소리를 홀린 것처럼 따라갔다. 그러다 도착한 곳은 작은 공원의 분수대였다. 산책하는 사람조차 별로 없는 공원 한가운데에서는 몇 개 없는 가로등 불빛을 받으며 소규모 밴드가 공연하고 있었다. 이런 곳에서 버스킹을 하는 게 놀라울 정도로 멈춰서서 노래를 듣는 관객 따위는 존재하지 않았다. 길거리를 지나다니는 행인들은 저들만의 세계로 곧장 나아가야 한다는 것처럼 찰나의 머뭇거림도 던져주지 않고 제 갈 길을 갔고, 벤치에 앉아 버스킹을 구경하는 것은 더이상 어딘가를 방황하기에 지친 나와, 잔뜩 술에 절어 반쯤 몸을 웅크리고 계신 어르신 한 분이 전부였다.

하지만 몇 안 되는, 거의 있으나 마나 한 것 같은 관객의 수는 그들에게 중요하지 않았다. 노래를 부르던 여자아이는 그 모든 것들을 잊히게 만들 만큼 눈에 띄게 독특하고 매력적인 외양을 하고 있었다. 물기를 머금은 듯 마구잡이로 흩어져 있는 머리칼과 스모키한 화장, 훤히 드러난 어깨 부근에 박혀있는 타투와 약간은 난해한 옷차림새까지. 시커먼 속눈썹을 붙인 두 눈을 꼭 감은 채 양손으로 마이크를 쥐고 있

는 모양새는 스스로의 절박한 삶에 매달리고 있는 이처럼 간절해 보이
기도 했다.

선곡은 오로지 그들의 몫인 듯 개중 절반 이상이 듣지도 보지도 못
한 노래들이었지만, 멜로디 라인을 몰라도 자꾸 듣게 되는 음색을 가
진 보컬이었다.

얼마 뒤 공연은 적막 속에 끝났고 그들은 텅 빈 관객석이 익숙한 듯
빠른 손놀림으로 악기를 정리하기 시작했다. 어느새 날이 어두웠기
에, 나 또한 짧았던 꿈에서 깨어난 사람처럼 황급히 몸을 일으켜 자리
를 뜨려 했다.

"못 보던 얼굴이네. 새로 이사라도 왔어?"

생각보다 경쾌한 목소리가 발길을 붙잡았다. 벤치에서 몸을 반쯤
일으킨 엉거주춤한 자세로 뒤를 돌아보자 짙은 화장을 한 여자아이가
물끄러미 올려다보는 시선을 하고 서 있었다. 마이크 앞에서 노래할
때 느껴지던 위압감은 온데간데없이 사라진 것인지 가까이서 본 그 애
는 생각보다 체구가 훨씬 작은 편이었다. 나는 다소 무례하게 느껴지
는 태도에 어떻게 답을 할까 망설이다, 또래인 듯 앳되어 보이는 얼굴
을 향해 능청스레 반말로 대꾸했다.

"네가 이 마을 사람들 얼굴 다 알기라도 해?"

의도하지 않았지만 다소 날이 선 듯한 말투였다. 그것을 느낀 것인
지 삐딱한 자세로 서 있던 여자애는 짧은 웃음을 터뜨렸다. 처음에는
비웃음을 당했다는 생각에 열이 올랐지만, 막상 시선 끝에 닿은 그 애
의 얼굴은 예상외의 감정을 담고 있었다. 발그레한 두 뺨이 봉긋 올라

온 모양새가 꽤 천진해 보이는 웃음이었다.

"2년 반 동안 매주 목요일이면 여기에 와서 공연했어. 그러니 지나 다니는 사람들 얼굴도 거의 기억하는 편이야. 대부분 하는 행동이 정 해져 있으니 예측하기 쉽지."

"…."

"보통은 우리를 스쳐 지나가. 관람객이라고는 간간이 나타나는 길 고양이들이나, 저렇게 술 취하신 아저씨들이 전부지. 너처럼 공연을 구경하는 사람은 없었어. 그래서 물어본 거야."

묻지도 않은 사실을 나열하는 걸 듣고 있자니 어쩐지 들떠있는 여 자애의 감정이 여과 없이 전해졌다. 그 심정이 이해가 갔다. 누군가 날 바라봐 준다는 것만으로도 응원을 받는다는 기분이 들 때가 있으니 까. 그런데도 2년이나 같은 자리에서 공연을 했다는 그 꾸준함과 관객 이 없는 것에 개의치 않는 순수한 열정에 가슴 한쪽이 꽉 막혀오는 기 분이 들었다. 나였다면 그럴 수 있었을까. 꿈이라는 건 그럴 만한 힘을 갖고 있는 걸까. 이름도 모르는 여자애에게서 느껴지는 그 막연함이 존경스러웠다.

"음악은 잘 모르는 편이지만, 듣기 좋은 노래였어."

"고마워."

"다음 주에 시간 괜찮으면 또 와서 들을게."

"…그러면 네 이름 알려줄래? 알고 있고 싶어."

어설프게 건넨 응원에 그 아이는 대뜸 통성명을 요구했다. 길에서 마주친 사이에 이름까지 주고받아야 할 필요는 없었지만 왜인지 모르게 마음이 쓰이기도 했고, 새초롬한 표정을 하고 먼저 손까지 내미는 모습에 내 소개를 하게 되었다. 얼떨결에 맞잡은 손이 따스했다.

"...온유월이야."

"예쁜 이름이네. 난 한유수라고 해."

반짝이듯 또박또박 발음된 그 이름이 가슴 어딘가에 박히는 기분이었다. 덩달아 달아오르는 볼이 화끈거렸다. 이런 감정은 처음이었다. 이토록 빛나는 사람도 처음이었다. 그 애가 입에 물고있는 사탕에서 풍겨오는 달콤한 냄새가 후각을 마비시키는 것 같았다. 밀물처럼 닥쳐오는 감정에 좀처럼 무슨 말을 해야 할지 몰라 입술이 방황하는데 악기 정리를 다 마친 밴드 원들이 여자애를 부르고 있었다. 뒤를 흘끗 돌아본 아이는 언제나 그렇게 해왔던 것처럼 자연스레 작별의 인사를 건넸다.

"그럼 다음에 또 보자. 꼭."

후에 알게 된 사실이지만 마을에서 유수를 향한 시선은 그리 곱지 못했다. 워낙 작은 동네인 데다가, 주민이라곤 나이가 지긋하신 어르신들이 대부분이셨으니 그런 반응도 어찌 보면 당연한 것이었다. 우리 부모님만 해도 자식들이 번듯한 대학을 나와 월급이 꼬박꼬박 나오는 회사에 들어가는 게 유일한 소원이라고 입이 닳도록 말씀하실 정도였으니 일정한 수입 없이 악기나 두드리고 있는 애들을 향한 평판이 좋을 수가 없었다. 하릴없이 동네 물이나 흐리고 다니는 아이들이라는 게 유수의 밴드를 향한 옆집 최 씨 할머니의 간략한 평가였다.

　나는 당사자가 아니면서도 그 말이 꽤 아프게 와닿았지만, 유수의
반응은 생각보다 담담했다. 그 애의 말을 빌리면 이곳 사람들의 반응
은 일종의 두려움과 같은 것이라고 했다. 새로운 것에 대한 두려움, 변
화를 겪어보지 않은 사람들의 완고함, 정해진 틀을 강요할 수밖에 없
는 안일함.

　"시골은 모든 사회 중에 흐름이 가장 느린 곳이야. 계절이 흐르며
농작물이 천천히 자라나는 것처럼, 사람들의 마음도 그에 맞춰 흘러갈
수밖에 없어. 하지만 내겐 빠르게 변화하는 세상이 필요해."

　그 말처럼 유수는 내가 도망쳐온 곳을 동경하고 있었다. 복잡스럽
고 변화에 민감하며 끝없이 나아가야만 하는 사회. 그곳에 유수의 꿈
이 존재했다. 그리고 그때까지 그 애의 꿈을 응원해 줬던 건 몇 개월
전 생을 마감하신 친할머니뿐이었다. 하나뿐인 손녀 잘 키우진 못할망
정 엇나가게 만들 셈이냐는 주변에 핀잔에도 불구하고, 장에 나가 겨
우 번 돈을 모아 유수에게 기타를 선물해주신 것도 할머니라고 했다.
검은색 바탕에 붉은 무늬가 있는 전자기타는 유수의 보물 1호로, 이런
시골에서 구할 수 있는 것 중 가장 세련되어 보이는 디자인이었다.

　나는 마냥 순수하게만 보이는 그 애의 꿈이 도심의 매정한 세상에
닿으면 죽어버리는 게 아닐까 하는 염려도 했지만, 하나뿐인 기타를
쥐고 새로운 세계로의 도약을 꿈꾸는 유수에게선 내가 잃어버린 열정
이 존재했다. 결국, 그 꿈을 응원하는 마음은 점점 켜졌고, 매주 공연
을 관람하게 되며 나는 이름 없는 밴드의 첫 관객이자 팬이 되었다.

　응원은 애정으로 변했고, 결국엔 마음을 부풀려 사랑이란 이름표

를 달고 스며들었다. 가까이서 본 유수는 솔직했지만 순수했고, 열정
적이었지만 느긋했다. 그 애를 사랑하고 있으면 나의 사랑까지도, 결
국엔 나까지도 눈부시게 반짝이며 빛을 발하는 것만 같았다. 그렇게
유수의 사랑과 꿈으로 나는 스스로를 꽤 괜찮은 놈으로 포장하고 있
었다.

"유월아. 넌 꿈이 뭐야?"

"꿈?"

"넌 네 이야기를 좀처럼 안하잖아. 그래서 궁금한 게 많아. 네가 뭘
하던 사람이고, 어떤 생각을 하고 있고, 갑작스레 이 마을에 돌아오게
된 이유는 뭘지, 그리고 앞으로 무슨 일을 하고 싶은지."

유수는 순수한 호기심으로 한 질문이었겠지만 그 말을 듣는 내겐 이
루 말할 수 없는 불안감과 초조함이 엄습했다. 나는 그 애만큼 빛나는
사람이 아니었다. 학생의 신분일 적에는 공부를 열심히 하는 것이 목
표이자 기대였고, 그 일에 성실히 임한 결과 나쁘지 않은 대학에 진학
할 수 있었다. 지금에서야 이토록 간결한 한 문장 안에 몇 년간의 노력
을 담아낼 수 있겠지만 그때 당시의 '성실히'라는 압박은 학창 시절 내
내 나를 괴롭혀 자책과 자학을 끝없이 반복하게 되는 굴레와 별반 다
르지 않았다.

부모님은 내가 조금이라도 더 좋은 대학에 가길 원하셨고, 나 또한
욕심이 앞섰던지라 상향 대학에 관심과는 전혀 상관없는 전공을 택하
게 되었다. 서울행 기차에 올랐을 때는 새삼 좋은 곳에 이름표를 내걸

게 되었다는 사실이 뿌듯하기도 했지만 그러한 감정은 나의 바람만큼 오래 가지 못했다.

동네에서도, 새로 정착한 도심에서도 어디를 가나 잘난 사람은 차고 넘쳤다. 나는 늘 다수 속에 속해야 했다. 그래서 대학에 입학한 지 겨우 한 학기 만에 목적지 없는 지하철에 떠밀려 탄 것 같은 슬럼프에 사로잡혔다. 어디서 내려야 할지도 가늠하지 못한 채 시간을 낭비하고 있다는 생각이 멈추질 않았다.

비싼 등록금에 자취비용까지 대주신다고 매달 돈을 부치시는 부모님께 죄송스러웠고, 부담을 조금 덜어드리려 알바를 시작하면서부턴 눈에 들어오지도 않던 전공과목 성적이 바닥을 기었다. 결국, 연애에 대차게 실패했다는 동기 놈을 따라 군에 입대했고, 제대한 뒤에 친구들을 쫓아 바로 복학했지만, 그마저도 잘 풀리지 않았다. 결국, 뭘 했었는지, 뭘 하고 싶은지 확립된 정체성 없이 나는 다시금 이 고향으로 돌아왔다.

"그냥, 꿈이란 게 없어. 별로 생각해 본 적도 없고."

"...."

"그래서 너는 내게 특별하게 느껴져. 나와는 다르게 언제나 꿈을 꾸고 있으니까."

얼버무린 말에는 여러 가지 의미가 담겨있었다. 널 그만큼 사랑한다는 애정 속에 감춰진 열등감과 나에게는 버젓한 꿈 하나 없다는 박탈감. 그에 더해 낮아진 자존감을 감추려 애써 웃어 보이던 어색한 웃음까지. 그 말에 담긴 의미를 느꼈는지 유수는 그저 내 얼굴을 빤히 쳐다볼 뿐이었다. 그렇게 아슬아슬한 여름날의 연애가 이어진 지도 100일이 다 되어갈 무렵, 일이 터지고 말았다. 유수가 돌연 서울행을 선언한 것이었다.

"서울에 갈 거야. 유월이 너도 같이 가지 않을래?"

"서울? 이렇게 갑자기?"

"응. 밴드 애들이랑 계속 얘기는 했었는데, 이번에 연고지가 생겨서 급하게 결정이 났어. 가서 공연도 하고, 음악도 더 배울 거야. 좀 더 잘 해보고 싶어. 그러려면 여기를 떠나야 해."

축하해줘야 할 일인데도, 그 사실이 배신처럼 다가왔다. 그러나 놀랍지는 않았다. 꿈을 동경하는 모습이 누구보다 아름다워 보이기도 했지만, 언젠가 기약 없이 떠나버릴 사람처럼 느껴져 하염없이 불안하던 때가 많았으니까. 그리고 그 불안 속에는 내가 더는 유수에게 든든한 지원자가 될 수 없다는 걱정이 담겨있었다. 이런 시골 마을에서야 매주 공연을 봐주는 것만으로도 그 애에게 가치 있는 존재겠지만, 과연 그 사실이 도심에서도 똑같을 수 있을까. 그렇다면 나는 유수의 곁에 그저 이도 저도 아닌 사람으로 남는 것이 아닐까. 나는 나의 사랑이 초라해지는 게 두려웠다.

"아니. 난 돌아가지 않을 거야."

"그러면 여기에 계속 있을 생각이야? 너도 다시 서울로 돌아갈 거라고 했잖아."

"적어도 지금은 아니야. 준비가 조금 더 되면-"

"준비만 하다 보면 끝나는 법이 없어. 일단 부딪쳐야 무슨 일이든 일어날 수가 있는 거야."

"그래서 너는 이렇게 무턱대고 올라가겠다는 말이야? 당장 정착한다고 해도, 한 달 치 생활비 낼 돈은 있어? 현실적인 생각은 안 해본 거야?"

터무니없는 계획이라고 생각했다. 서투른 시도였고, 실패할 게 뻔히 보였다. 적어도 내게는 그랬다. 유수의 꿈은 그렇게 쉽게 무너지면 안 되는 것이었고, 아직은 때가 아니었다. 나도 도망친 세계에서 유수같이 여린 아이가 버텨낼 수 없을 거라 단정 지었다. 그래야만 그 애를 내 곁에 묶어둘 수 있을 것 같았다.

"밴드 애들이랑 같이 살면 돼. 조금씩 모은 돈이 있으니까-"

"그 남자애들이랑 지금 한집에서 살겠다는 말이야?"

"....이렇게 반대하는 이유가 뭐야?"

"뭐?"

유수의 표정이 애매했다. 처음 보는 얼굴인 것도 같았다. 무슨 의미일까. 입꼬리가 애매하게 비틀어지는 그 표정을 바라보면서 나는 무언가 잘못되었다는 생각을 했다. 나조차도 피해 다녔던 치기 어린 마음이 일순간 네게 드러나 버린 걸까.

"유월이 네가 내 꿈을 응원하는 것인지, 아닌지 모르겠어. 서울에 간다고 하면 축하해줄 거라고 생각했는데."

"내가 지금 네 꿈에 훼방이라도 놓고 있다는 말이야?"

"...그게 아니라면 왜 화를 내?"

"……"

"난 너한테서 조언을 듣고 싶었어. 응원도 듣고 싶었고. 너무 갑작스러워서 걱정할 거라곤 생각했지만 이렇게 화낼 줄은 몰랐어. 지금 넌 내가 서울에 가는 게 싫은 사람 같아 보여."

나는 그 말에 부끄러운 것을 들킨 사람처럼 자리를 박차고 일어났다. 유수를 볼 면목이 없었다. 내가 가졌던 감정이 동경인지, 시기인지 분간하기가 어려워 생각이 정리될 때까지 그 애를 피해 다녔다. 도시에서 이곳으로 도망쳐 온 주제에 이제는 사랑에서도 도피를 택하고 있었다. 며칠만 거리를 두겠다던 마음과는 달리 그 기간은 빠르게 지나가 어느새 유수가 서울로 향하겠다고 말했던 날짜가 성큼 가까워진 날이 되었다.

그날도 어김없이 날은 더웠고, 햇빛은 쨍했다. 볼일이 있어 시내에 다녀오는 길에 마을 입구에 있는 버스정류장에 내리니 검정 워커를 신고 있는 유수가 그곳에 서 있었다. 이런 흙먼지 날리는 시골 마을에서는 볼 수 없는 차림새로 기타를 한쪽 어깨에 메고 있는 유수는 강한 햇빛에도 찡그리는 것 없이 나를 가만히 바라보았다. 올려묶은 머리 밑으로 드러난 목이 유독 새하얘 보였다.

무슨 말을 꺼내야 할지 몰라 그 애를 빤히 바라보고 있자, 유수는 잠시 걷자고 했다. 그 말에 우리 둘 다 작은 오솔길로 걸음을 옮겼다. 땀이 흐르는 피부와 달리 우리 사이에서 느껴지는 온도는 서늘하기만 했다. 심장이 두근거렸다. 너는 작별을 고할 것 같은 얼굴로 무언가를 골몰하고 있었다. 그러다 순간, 나란히 맞춰오던 네 발걸음이 멎었다.

"넌 나를 사랑한 걸까, 우리의 사랑을 사랑한 걸까 많이 생각해 봤어."

그렇게 말하는 유수의 입술이 부르터 있었다. 겨울이 아닌데도 갈라진 피부 결이 그간의 마음고생을 여실히 보여주는 것 같았다. 입술을 지나쳐 마주한 네 눈은 잔뜩 메마른 피부와 달리 습하고 눅눅하게 젖어있었다. 그냥 울어버리고 싶은 걸까 울고 싶지 않아서 참고 있는 걸까. 흐르지도 않은 눈물을 닦아주고 싶었지만 네 얼굴을 쥐고 싶은 충동을 애써 억눌렀다. 달뜬 호흡이 잇새에서 흘러나오며 네가 뒷말을 토해냈다.

"유월아. 널 놔줄게. 네가 사랑했던 우리의 사랑은 이제 없어."

"유수야."

"네 응원을 받으면 모든 걸 다 이룰 수 있을 것만 같은 순간들이 있었어. 하지만…. 이젠 아니야. 내 꿈은 너를 갉아먹어. 너는 자꾸만 나와 너를 비교하면서, 스스로를 사랑하지 못하게 만들어. 그 사실이 너무 비참해…."

네가 뻑뻑하게 눈을 감았다. 눈물은 흐르지 않아서 이젠 닦아주는 시늉조차 할 수가 없었다. 잠시 동안 고요한 적막이 맴돌고, 그 사이를 내 심장소리가 가득 채웠다. 둥, 둥, 둥. 너무 커져서 귓가를 울리는 그 소리가 마치 종말을 예고하는 종처럼 느껴졌다. 돌이킬 수 없이 화염처럼 타오르는 결말이었다. 여러 감정이 덕지덕지 붙은 사랑이 태워진다. 새카만 연기가 되어 연소한 물질은 다시 붙일 수도, 만들 수도 없다. 그냥 그대로 끝일 뿐이다.

"네게도 이 편이 좋을거야. 붙잡지 말아줘."

가만히 고개를 끄덕였다. 유수를 붙잡을 자격이 나에게 있긴 할까. 난 늘 모든것에서 도망치기 바빴고, 이번엔 그 대상이 너였다. 그러니 유수가 마침표를 찍는다면 이야기는 거기서 끝나야만 한다.

"유월아, 잘 지내."

짧은 말 뒤로 네가 스치듯 비껴갔다. 등 뒤로 멀어지는 발소리가 울린다. 그 소리가 종적을 감춰버린 후에야 뒤를 돌아 방금까지 그 애가 있던 곳을 바라보았다. 당연한 사실이지만 널 그릴 수 있는 게 무엇하나 남아 있지 않다. 원래 그랬듯이, 한순간도 네가 머무르지 않았던 것처럼 채취하나, 흔적 남기나, 온기 하나 찾아볼 수가 없다. 이게 내가 바랐던 도피이자 결말일까.

한순간에 끝나버린 사랑에도 나는 차마 울 수가 없었다. 슬픔이란 감정을 느끼는 순간 자신을 경멸할 것 같았다. 도망자에게 눈물이란 사치였다. 언제는 네가 서 있었냐는 듯 비웃는 빈 공간에 유수는 평생 찾아오지 않을 것이다. 그리고 나는 이곳에 서 있는 너를 그릴 것이다. 생각한 대로는 절대 이루어지지 않는다는 일종의 딜레마처럼.

노을이 내려앉은 하늘을 뒤로한 채 시골길을 걸었다. 집으로 향하는 길, 하나둘 켜지는 가로등 아래에 늘어진 그림자는 하나뿐이었다. 그 사실이 어색해 발걸음을 재촉했다. 우리는 매미조차 조용해진 여름의 끝 무렵 이별을 맞이했다. 그것이 내가 기억하는 유수의 마지막 모습이었다.

추억은 과거로 돌아갈 수 있는 편도행 티켓이 아니다. 과거는 과거에 남는다. 그럼에도 우리는 이미 지나쳐버린 역을 그리워하는 굴레에 빠지곤 한다. 회상이라는 기차에 계속 몸을 싣고 있다 보면, 빙 돌아가는 선로를 따라 다시금 지나친 역에 닿지 않을까 하면서.

숨을 내쉬자 바람이 빠지는 듯한 소리가 난다. 폐부에 들어간 산소가 되돌아 나오는 건지, 유수와의 관계에서 남아있던 미련을 게워내는 건지 모르겠다. 그게 무엇이든 그 소리는 호흡의 끝에 쉼 없이 달라붙는다. 그러니까 어딘가에는 쌓이고 있을 게 분명했다.

일주일 전부터 공연 당일이 된 오늘까지도, 잠들 때마다 줄곧 몇 년 전의 꿈을 꾸었다. 어리고 서툴던 우리. 꿈을 좇기 바쁘던 유수와 무턱대고 널 좋아하던 기억 속 나의 모습은 그 당시 내가 생각했던 것보다 더 풋내기 같은 모양새였다. 애석하게도 시간은 흐르고, 진실은 남겨진다. 오랜 세월 동경이라는 감정에 미화되어있던 나의 치기 어린 질투와 열등감을 다시 직면하자 나는 유수를 재회하는 일에 자신이 없어졌다.

빨간불이 켜졌고 발을 옮겨 브레이크를 밟았다. 운전 중이던 차가 천천히 멈추자 건널목의 초록 불이 들어오면서 사람들이 움직인다. 습관처럼 자동차 콘솔박스를 열고 사탕을 찾았다. 한 달 전에 사둔 봉지 사탕을 그새 다 먹었는지 빈 껍데기만 손에 잡힌다. 바스락거리는 비닐 껍데기에 묻어있는 사탕의 흔적만 손에 묻어 찐득함을 유발한다. 문득, 헤어지던 날 밤, 유수가 한 말이 떠올랐다.

'네가 사랑했던 우리의 사랑은 이제 없어.'

同경 : [소설] • 81

콘솔 뚜껑을 닫으며 쓰고 남은 물티슈에 손가락을 닦아냈다. 사탕 껍데기에선 끈적거릴 뿐, 다디단 형체 없이 부스럭거리는 질감만 느껴졌다. 그 공허함이 너를 향한 두려움으로 변한다. 다시 만난다 해도 너와 나의 관계가 다 녹아버린 사탕처럼 돌이킬 수 없는 것은 아닐까.

깜빡이던 보행자 신호가 붉게 변하며 파란불이 켜졌고 엑셀을 밟아 자동차를 출발시켰다. 매일 지나치던 익숙한 도로가 처음 주행하는 미로처럼 느껴진다. 아무것도 먹은 게 없어 텅 빈 속이 울렁거렸다. 헤집어진 머릿속처럼 한바탕 게워내야 할 것 같은 기분에 나는 급하게 갓길에 차를 멈춰 세웠다.

나오는 것도 없이 헛구역질한 뒤에는 화장실 옆 벤치에 앉아 가로수 사이로 쏟아지는 햇볕을 바라보았다. 더운 공기는 텁텁했고 내 심정도 별반 다르지 않았다. 설레는 마음과는 달리 유수를 만나는 일이 과연 좋은 것인지 정확한 답을 내리기가 어려웠다.

'공연 거의 다 끝나가는데, 어디쯤이야?'

'올 수는 있는 거냐?'

번뇌하는 내 마음을 아는지 모르는지 재촉하는 친구 녀석의 연락으로 휴대전화는 연실 울리고 있었다. 이대로 자취를 감추기엔 비겁한 도망자처럼 보일 게 뻔해서 겨우겨우 몸을 일으켜 길가에 세워둔 차에 몸을 실었다. 아까 구매한 노란색 꽃다발은 그새 데워진 공기에 기가 눌렸는지 처음보다 숨이 죽어 있었다. 줄 수 없을 거로 생각하면서 산 꽃이라 그런지 고르고 보니 하필 유수가 싫어하는 노란색이었다. 장미로 할걸. 그런 생각을 하며 꽤 급하게 운전을 한 끝에 겨우 시간 안에 도착할 수 있었다.

공연은 말 그대로 막바지에 다다라 있었다. 다급하게 들어선 공연 장 내부는 달아오른 열기로 시끄러웠고, 스피커가 터질 듯 울리는 음 악 소리와 빼곡한 사람들의 인파를 헤쳐나가며 무대 위에 서 있을 유 수를 찾기 시작했다. 한 손에 쥔 꽃다발은 이리저리 밀리는 사람들 사 이로 눌려 꽃잎들이 바닥 위로 우수수 떨어졌다. 그마저도 발치에 짓 이겨지는 게 볼품없었다.

마음이 조급해졌다. 널 찾고 싶기도 했고, 짓밟힌 꽃잎처럼 이대로 사라지고 싶기도 했다.

그러던 중 조금 전까지 연주하던 곡이 끝남과 동시에 익숙한 음성이 마이크를 타고 울려 퍼졌다.

"마지막 곡을 부르기 전에, 하고 싶은 말이 있어요."

모두가 그 아름다운 목소리에 홀린 것처럼 장내는 순식간에 조용해 졌다. 숨죽인 뜨거운 공기가 폐부로 들어온다. 나 또한 자연스레 한 곳 으로 향하는 시선을 멈출 수 없었다. 그곳에는 네가 서 있었다. 조명을 받아 희게 보이는 작은 얼굴이 마이크 너머에서 빛나고 있었다.

입구에서 무대는 꽤 멀었고, 무대 주변으로 인파가 잔뜩 몰려 있었 지만 그런데도 한 가지는 명확히 보였다. 유수는 웃고 있었다. 순간 누 가 와서 뜨거운 바람을 입안에 불어넣은 기분이 되었다. 그 애는 몇 년 전의 그때와 다름없이 아주 청량한 웃음을 머금고 있었다.

"이 곡은 저희가 처음이자 마지막으로 들려드리는 미발매 곡이 될 예정이에요. 밴드 사정으로 인해 오늘이 마지막 공연이 되었거든요."

그 말이 아쉬운 듯 주변에서 탄식의 소리가 울려 퍼졌다. 공연장 내부를 가득 채운 사람들을 보니, 그동안 큰 명성을 얻은 건 아니어도 팬층이 꽤 많아진 것 같았다. 그리고 그들 앞에서 유수는 지금까지의 여정을 끝내겠다 선언하고 있었다.

"그동안 저희의 유월을 사랑해주신 여러분께 감사한 마음을 담아 이 곡을 들려드리고 싶어요."

"...."

"제가 꿈을 포기하고 싶었을 때, 누구도 저를 알아주지 않았을 때 혜성처럼 나타나 묵묵한 응원을 건네던 친구가 있었어요. 그 친구가 제게 써줬던 편지를 가사로 만든 곡이에요."

"...."

"지금 여기에서 듣고 있을지 모르겠지만, 꼭 전해주고 싶은 마음을 담아 부르겠습니다."

가슴이 뛰었다. 아니, 사고가 정지했다는 말이 조금 더 적합했다. 연주와 동시에 유수의 노래가 시작했다. 사람들의 호응과 윙윙거리는 스피커가 무색하게도 유수가 뱉는 가사 하나하나가 내게 또렷이 다가왔다.

나는 유수를 동경했다. 그 애가 가진 꿈에 대한 열정이 너무나도 확고한 나머지 그 모습을 사랑할 수밖에 없었다. 하지만 생애 처음 듣는, 내가 알지 못했던 너의 마음이 담긴 노래에서 유수는 말하고 있었다.

나로 인해 꿈을 포기하지 않을 수 있었다고, 용기 내 도약할 수 있었다고, 그리고 마침내 여기까지 오게 되었다고.

손에 들린 꽃다발이 만개하는 것처럼 주변이 샛노랗게 물들었다. 이토록 큰 공간에 유수와 나만이 존재하는 것 같다는 느낌이 들었다. 네게 달려가고 싶었다. 네 꿈을 시기했던 적은 있어도 널 향한 모든 응원은 진심이었다고 소리치고 싶었다. 그 마음도, 사랑도 동경도 전부 진심이었다고. 그렇게 말하고 싶었다.

감은 눈으로 노래를 부르는 유수의 표정은 몇 년 전 내 기억 속에 박혔던 것과 새삼 달랐다. 어딘가 절박해 보이지도 간절해 보이지도 않는, 모든 것이 후련하다는 웃음에 가슴이 싸르르 내려앉는다. 어느새 노래는 끝이 났고, 사람들은 우레와 같은 박수로 밴드의 마지막을 축하했다. 그에 화답하듯 유수는 특유의 환한 미소로 사람들에게 인사를 건넸다. 얼핏 이쪽을 향하던 시선이 나와 마주친 것 같기도 하다.

이상한 기분이었다. 가쁘게 달려온 라인 끝자락에서 결승선 줄을 발견한 사람처럼 가슴이 뛰기도 했고, 이상한 성취감이 온몸을 감쌌다. 유수의 꿈은 오늘로 종장을 맞이했고, 동시에 나의 동경도 오늘부로 마침표를 맺었다. 그러니 이젠 내 차례가 된 것만 같았다.

'도착한 거 봤어. 스테이지 뒤로 와. 간만에 고향 친구끼리 인사나 한 번 하자.'

멍하니 여운을 즐기던 도중에 손안에서 문자가 울렸다. 한때 유수의 밴드에서 기타를 연주했던 녀석은 공연 뒤풀이에 나를 부를 생각인

듯 보였다. 마음이 동했으나 그것도 잠시, 나는 걸음을 돌려 곧장 공연장 밖으로 향했다. 유수를 만나는 일이 두려워서가 아니었다. 단지 이제 더는 그 애를 동경하는 사람으로만 남아선 안 될 것 같았다.

　밖으로 나가자 한결 누그러진 날씨는 어느새 노을이 지고 있었다. 8월 마지막 날의 저녁이 찾아오며 한 철의 여름이 끝나간다. 나 또한 나의 동경을 이뤄준 유수와 함께 길었던 여름의 끝을 보았다.

　이제 다가올 계절은 어떤 모습을 하고 있을까. 분명 무너지는 순간도, 도망치고 싶은 순간도 있겠지만 결국엔 끝을 볼 수 있게 될 거다. 유수가 버릇처럼 하던 말이 다시금 떠올랐다. 잠겨 휩쓸려도, 어딘가에서 다시 피어나면 그만이지. 가슴을 뜨겁게 물들였던 그 말을 지금도 어딘가에서 하고 있을 그 목소리가 생생했다.

　새로운 동경이 호기심과 함께 싹을 틔운다.

페달(pedal)

달래

달래

밥에 얹어 먹는 달래간장의 그 달래 맞습니다. 어려서부터 뿌리채소 닮았다는 말을 많이 들었습니다. 어디서든 잘 자라고, 누구와도 잘 어울리지만, 언제나 저만의 향을 잃지 않습니다. 똥인지 된장인지는 무조건 찍어 먹어봐야 직성이 풀리며, 똥이어도 맛봤다는데 만족하는 요상한 취미를 지녔습니다. 네이버 지도가 약속장소까지 30분 걸린다고 하면, '뛰면 20분 쌉가능'이라 생각하는 무모함을 지녔습니다. 하고 싶은 건 당장 하며, 꽤나 행복하게 삽니다.

털그덕.

딱 그뿐이었다.

요란하게 깨지는 소리도, 바위에 긁히는 소리도, 유리 파편이 튀는 소리도 없이.

털그덕.

태어나 단 한 번도 곁에서 100m 이상 떨어져 본 적이 없는 나의 분신이자 동반자. 내 삶의 모든 행위들을 담아낸 노력의 결정체. 어쩌면 가족보다 나를 더 잘 알고, 나보다 나를 더 잘 표현할 수 있는 내 존재의 정수.

내 스마트폰 똥이.

성한 곳 하나 없이 꼼꼼하게 갈라진 액정 속으로 나의 얼빠진 표정이 비쳤다.

'아… 할부 17개월 남았는데…'

똥이는 그렇게 처절하게 고장 나고 말았다.

똥이 사망 사건의 진상을 조사하기 위해선 사흘 전으로 거슬러 올라가야 한다.

여느 때와 같이, 나는 자전거 페달을 밟고 있었다.

팔팔팔팔

팔팔팔팔

운동을 하는 것이냐 묻는다면 전혀 아니다. 운동이란 내가 삶에서 가장 혐오하는 것 중 하나다. 다른 것은 굳이 시야에서 깔짝거리는 바퀴벌레, 살갗을 꿰뚫고자 이를 악물고 덤비는 햇살, 방구석에서 한 달 가량 묵은 샐러드 빵 정도…?

이토록 활동적인 것을 싫어하는 내가 익숙하게 페달을 밟는 이유는 전부 '전기' 때문이다.

기술의 발전으로 인간이 일을 하지 않아도 되는 세상이 도래했지만, 기계 문명의 혁신적인 혜택은 모두의 것이 아니었다. 돌이킬 수 없이 파괴된 환경은 인간에게 원조 중단을 선언했고, 남김없이 고갈된 자원으로 인해 전기 값은 천정을 넘어 대기권을 뚫었다. 서울에 집 한 채 정도는 별장으로 쓰는 사람들은 기술의 도움으로 평생을 놀고먹지만, 대다수의 사람들은 둥지 잃은 새가 되어 거리에 내몰렸다. 인간과 새의 격차가 극심했던 중국에서는 전국적 폭동이 일어났고, 정재계 대부호들은 이들을 진정시킬 방안을 만들어야 했다. 그렇게 등장한 것이 어쩌면 인류의 마지막 일자리 일지 모를, '전기 발전 페달을 밟는 일'이었다.

팔팔팔팔

인류의 마지막 일자리 치고는... 꽤 멋이 없기는 하지만 말이다.

부자들은 지역마다 지하 벙커를 세우고, 대량 생산한 전기발전 자전거를 빼곡히 배치했다. 한 곳에서만 5만 명을 수용할 수 있는 전기발전 플랜트는 '페들링 센터'로 불리며 거리의 실업자들을 유혹했다. 물리적으로 생산할 수 있는 전기의 양이 많지는 않았지만, 폭동을 평화롭게 진압하고 새로운 지배질서를 구축하기 위해 중국의 갑부들은 투자를 망설이지 않았다. 꽤 괜찮은 임금 조건을 내걸자, 실업자들은 너나 할 것 없이 자전거에 착석했다.

기적은 플랜트가 세워진 지 3개월이 지난 후 일어났다. 환경오염으로 자취를 감췄던 청개구리의 울음소리가 중국 전역을 울린 것이다. 다수의 인원이 전기를 쓰지 않고 시간을 보내니 지구에도 쉴 틈이 생겼다. 환경 예산으로 수천 조원을 퍼부어도 앓기만 했던 지구가 인간의 활동을 속박하자마자 병세에 차도를 보였다. 계산이 빠른 중국의 부호들은 '청개구리의 기적'을 정성 들여 선전했고, 머지않아 세계 각지에 페들링 센터가 들어서게 되었다.

팔팔팔팔

핸들 위로 새겨진 개구리 발바닥 로고를 만지작거려본다. 문득 드는 생각이지만, 페달을 밟을 때마다 개구리울음이 들리면 재밌었을 것 같다. 그래도 이왕이면 최첨단 기계가 굴러가는 것 마냥 '슈슈슝~' 이라던가, '위이이옹' 이라던가, 뭔가 우주적인 소리가 나면 좋을 텐데 고작 '팔팔' 이라니... 할아버지부터 손주까지 대를 이어가며 사용한 오래된 트랙터도 이렇게 다 죽어가는 소리를 내지는 않을 것이다.

팔팔팔팔

아, 그래서 다시 말하자면,

나는 '인간을 위해 움직이는 기계'..

　　　　　　　　　를 움직이기 위해 전기를 생산하는 사람이다.

풀어서 설명하니 되게 별로인 인생 같지만, 막상 살아보면 또 그렇게 불행하지만은 않다. '페들러'라는 있어 보이는 명칭도 있고, 대다수의 페들러는 삶에 대한 걱정을 하지 않으니 말이다.

인간의 생산활동은 반세기 전에 전부 기계로 대체되었다. 게다가 아무리 서적을 읽어봐야 기계를 따라잡을 수 없으니 사람들은 공부할 필요성을 느끼지 못했다. 최소한의 인성·사회성 교육을 제외한 모든 지식이 무용화되었고, 그 누구도 직업과 미래에 대한 고민을 하지 않았다. 인류 역사상 가장 시간이 남아도는 인생이 주어진 것이다. 물론, 시간이 많다고 해서 완전히 마음대로 살 수 있는 것은 아니다. 하고 싶은 것을 하려 해도 결국은 돈이 필요하니 말이다. 그래서 사람들은 자유를 만끽하기 위해 페달을 밟았다.

페달을 밟으면 자전거에 연결된 개인 스마트폰을 통해 마일리지가 쌓이고, 마일리지는 전 세계 어디서든 현금처럼 사용할 수 있다. 한 시간만 페들링을 해도 밥 한 끼는 사 먹을 수 있으니, 이론적으로는 하루에 3시간만 페달을 밟으면 그 외의 시간들은 자유롭게 쓸 수 있다. 하지만 아무리 저전력 스마트폰이라고 해도 결국은 전자제품이기 때문에, 스마트폰에 공급할 전력까지 구매하려면 하루 4시간은 페달을 밟아야 한다. 게다가 스마트폰이 없으면 전구 하나도 마음대로 켤 수 없기 때문에, 사람들은 스마트폰을 자신의 손발처럼 여겼다.

정말 조금도 스마트하지 않은 방식이다.

아니, 아둔하고도 조잡스러운 방식이다.

전기가 부족한 시대에 전자화폐를 사용하자는 생각은 대체 어떤 멍청이가 한 걸까? 종이로 돌아가도 모자랄 판에, 스마트폰이라니! 하지만 어쩌겠는가? 세상은 내가 만든 것이 아닌걸… 돈 많고 똑똑한 어른이 까라고 하면 귤을 까든, 조인트를 까든, 까고 봐야지… 내 스마트폰에 세상에서 가장 멍청하게 생긴 똥이 케이스를 끼운 건 나의 소심한 반항이었다.

사람들은 마일리지가 스마트하든지 말든지 특별한 이의 없이 페달을 밟았다. 나이가 들고 연골이 상하면 할 수 없는 일이기에 젊은 나이에 많이 벌어 두려는 '부스터족'도 등장했다. 이들은 어릴 때부터 숙련된 페들링 교육을 받고 하루에 10시간 이상 착실하게 일하는 전문 페들러로 성장한다. 나 역시 어릴 적 잠시 학원을 다녔으나, 게으른 성정 탓에 금방 포기해버렸다. 훗날 연골이 다해 생계를 이어갈 수 없으면…

'죽어야지 뭐, 별 수 있나?'

일개미들과는 반대로 여유를 누리는 사람들은 자연스럽게 문화와 예술을 탐닉했다. 전기를 최대한 아껴야 하니 인터넷보다는 연극이나 공연이 인기를 끌었고, 지역에 축구경기라도 잡히면 온종일 센터가 조용했다. 'K-페들러'들은 페달을 밟는 순간에도 가만히 있지 않았다. 하체는 자전거를 굴리고, 상체로는 그림을 그리거나, 악기를 연주하거나, 심지어는 근육운동을 하기도 했다. 먼 미래에 인류는 사지 육신을 전부 다른 신경으로 움직일 수 있도록 문어 모양으로 진화할지도 모르겠다.

멀티 태스킹이 되지 않는 나는 페들링만으로도 벅차 다른 일을 하지 않는다. 보통은 잡다한 상상들을 하며 멍을 때리고, 혹시나 다른 사람과 눈이 마주칠까 걱정될 때는 책을 읽는 척한다. 딱히 무언가를 하지 않고 잔잔히 페달만을 밟고 있으면, 팔팔거리는 페달의 가쁜 숨소리와 사람들의 지루한 중얼거림이 들려오곤 한다. 가끔은 흥분해서 시끄럽게 떠드는 어린아이들의 말소리를 들을 수 있는데, 아이들의 삶이란 꽤나 스펙터클 해서 귀 기울여 들으면 하루 종일 지루하지 않을 수 있다. 그런데 최근에는 옆자리에 이사 온 놈이 자꾸만 악기를 연주해대는 통에 이런 은밀한 취미생활을 즐길 수 없게 되었다.

길거리 악사라는 이 놈은 첫 만남부터 마음에 안 들었다.

"안녕, 나는 전동휘야. 또래 같은데 우리 친구 하자."

'얻다 대고 반말이람…?'

어려서부터 귀에 피가 나도록 예절의 중요성에 대해 들어온 나는 첫 만남에 대뜸 말을 놓는 동휘가 달갑지 않았다. 페달을 밟으면 금방 더워지는 데도 그는 항상 긴팔 슬리브를 입고 왔으며, 덥수룩하게 목까지 기른 머리를 뒷 꽁지만 슬쩍 묶고 애교머리를 빼놓는 모습은 정말 꼴 뵈기 싫었다. 예술가인 자신의 모습에 단단히 심취한 그는 페달을 밟으며 항상 바이올린을 쳤다.

여기서 핵심은 바이올린을 '켜지' 않고 '쳤다'는데 있다.

"이게 피치카토라는 건데 활을 쓰지 않고 손가락으로만 바이올린을 연주하는 고급 기법이야."

'그럴 거면 기타를 치지. 왜 굳이…'

하지만 굳이 입 밖으로 말을 뱉지는 않았다. 나중에 듣고 보니 바이올린을 연주하고 싶은데 활까지는 살 돈이 없어서 그냥 손으로만 연주하게 되었다고 한다. 활 없는 바이올린이라니… 드럼을 연주하는데 스틱이 없어서 손으로 퉁땅거린다고 하면, 이걸 대단하다고 해야 될까? 젓가락이라도 쥐여 줘야 될까? 왜? 피아노도 손가락 없이 친다고 하지?

발상은 한심하기 짝이 없지만, 그래도 그의 연주 자체는 그렇게 한심하지 않았다. 연습을 많이 한 건지 선율에는 끊임이 없었고, 바이올린에 기대한 것과 다른 소리가 나니 통통 튀는 재미가 있었다. 음악은 연주자를 따라간다고 하던가? 그의 연주는 거울처럼 그를 비추곤 했다. 투박하고, 볼품없어도 오묘하게 주변의 이목을 끌어당겼다. 헉헉거리는 숨소리와 팔팔 돌아가는 페달 소리, 조잘대는 말소리 사이로 그의 연주가 비집고 들어오면 잠시 동안은 모든 소리가 그의 작은 바이올린 안으로 빨려 들어가곤 했다.

물론, 아주 잠시 뿐이지만.

잠깐 할 일을 멈추고 그의 연주를 듣던 사람들은 오래 지나지 않아 하던 일을 마저 한다. 그의 음악은 호수에 떨어지는 물방울처럼 잠시 파장을 일으켰다 사라진다. 새로운 물결을 일으키리라 느껴졌던 그의 작은 박동은 그새 거슬리는 것이 되고 만다.

그래도 내가 그를 싫어하는 건 그의 무모한 연주 때문이 아니다. 연습에 잔뜩 심취해 있는 그가 음을 틀리기라도 하면, 허둥대는 그를 놀릴 기회가 생겨 오히려 즐거워하는 편이다. 가끔은 불협화음이 나오기만을 기대하며 그의 연주를 듣기도 한다. 내가 싫어하는 건 그의 바이올린이 아니라, 그가 입으로 하는 연주다.

"뭐해?"

"무슨 책 읽어?"

"오늘 뭐 할 거야?"

"주변에 맛있는 밥집 알아?"

조잘대는 그 입을 잠시라도 멈추면 건물이 무너진다고 생각하는 걸까? 그는 쉬지 않고 돌아가는 발전소처럼 입을 놀렸고, 페달링이 힘들어 땀을 뻘뻘 흘릴 때는 비상전원이라도 켜서 말을 걸었다. 아마 그의 입으로 새는 에너지만 모아도 대가족이 일주일 식사할 돈은 족히 벌수 있을 것이다.

나는 그의 물음표 살인기에서 살아남기 위해 항상 이어폰을 귀에 꽂고 페달을 밟았다. 음악을 듣는 것도 좋아하지만, 자연의 소리를 ASMR처럼 틀어 놓는 것이 더 좋았다. 실제로는 듣기 어려운 작은 움직임들에 귀를 기울이면 세상의 하찮은 것에도 관심이 가곤 했다. 청개구리의 울음이 사람들의 심금을 울린 것은 단순히 환경 때문만은 아닐 것이다.

최근에는 동휘 놈이 말을 걸 수 없을 만큼 고도로 집중하기 위해 ASMR 영상을 보고 있다. 듣기만 하는 것보다 전기가 더 소모되기는 하지만, 확실히 보는 즐거움이 있었다. 고작 손바닥만 한 세상을 보면서도, 귀랑 눈이 이어져 있는 이유를 알 것만 같았다. 값비싼 음식을 맛보면 헤어 나올 수 없듯이, 나는 지구 어딘가를 찍어낸 영상 속으로 빠져들었다.

그날도 나는 옆통수에 꽂히는 동휘의 시선을 무시하며 스마트폰에 눈을 박아 넣었다. 오늘은 바다였다. 퐁이의 작은 창문 너머로 파도가 넘쳐흘렀다. 저 멀리서 불어온 바닷바람이 내 귓가에 노닐었다. 멋지다. 시원하다. 따위의 말로는 담아낼 수 없는 무엇이 내 찌든 머리를 적셨다.

'바다는 이렇게 푸르구나.'

'하늘은 그보다 맑은 색…'

'모래알은 그보다 탁한 색…'

'손은 그보다 짙은 갈색…'

'응??'

나만의 작은 바다 위로 웬 거무죽죽한 손이 덮였다. 손목을 따라, 팔뚝을 따라, 어깨를 넘어, 내 유희를 방해한 대역죄인을 향해 눈을 치켜올렸다. 그제야 세상 머쓱한 헛기침이 들려왔다.

"몇 번을 불러도 대답을 안 하길래…"

나는 한쪽 이어폰을 조용히 뽑아내며 말 대신 표정으로 답했다.

'어서 그 앞발을 치우지 못할까?'

뭔가를 알아챈 동휘가 슬그머니 손을 치웠다. 그를 끝까지 노려본 뒤, 이어폰을 다시 귀에 걸…

"왜 전기 만들면서 전기 써?"

"아, 제발 좀."

걸던 이어폰을 짜증 나게 움켜쥔 나는 최대한 험악한 표정으로 그를 응시했다.

"그냥 둘 다 안 하면 안 돼? 안 만들고, 안 쓰고."

"그러면 영상을 못 보잖아."

"그러면 영상 말고 진짜를 보면 되잖아."

나는 벌써 몇 번이고 그의 기술에 놀아난 기억이 있다. 여기서 대화를 이어가면 2시간은 내리 그의 수다를 받아쳐야 한다.

"이걸 보러 언제 가. 돈 없어"

석유가 고갈된 이후로 모든 운송수단의 가격이 뛰었다. 웬만한 부자가 아니면 비행기는 무슨, 기차여행도 꿈꿀 수 없었다. 일반인들은 1년 내리 마일리지를 모아 겨우겨우 수소버스로 근교 여행을 꿈꾸곤 했다. 그런데 뭐? 진짜 바다를 보러 가? 그게 어디 뚝딱 되는 일이던가?

"꼭 돈이 있어야 돼?"

별것도 아닌 걸로 고민한다는 그의 명랑한 목소리가 내 심기를 자극했다.

"돈이 필요 없어? 티켓 안 사? 걸어가? 반나절을 넘게 걸어야 할 텐데?"

"너 정말 웃긴다."

"뭐가 웃겨?"

잔뜩 개구진 표정을 지은 그는 손가락으로 어딘가를 가리켰다. 그의 손 끝을 따라 시선이 닿은 곳에는 개구리 발바닥이 깊이 음각된 내 페달이 있었다.

"지금 네가 타고 있는 그걸로 4시간만 밟으면 진짜 바다가 나와."

생각지도 못한 사실이 깜빡이 없이 두개골을 들이받았다. 여태 자전거를 탔으면서, 심지어는 자전거 위에서 대화를 나누고 있으면서 왜 자전거 타고 돌아다닐 생각을 못했을까? 피자집 사장은 피자를 먹지 않는다고 하던가. 전기발전 자전거를 탄 이후로는 밖에 자전거를 타고 돌아다닐 생각을 해본 적이 없었고, 실제로 타는 사람을 본 적도 없었다. 그러나 얼마 지나지 않아 그 이유를 알 수 있었다.

'밖에서 탈 거면, 차라리 센터에서 타고 마일리지를 조금이라도 더 버는 게…?'

왕복 8시간이면 하루 종일 페달을 밟는 건데, 그렇게 5일만 밟으면 프로야구티켓을 살만큼 마일리지를 모을 수 있다. 그러면 바다에 가고 싶은 마음을 5번만 참으면, 유명 야구선수의 경기를 현장에서 직접 볼 수 있는 것이다. 동휘는 생각보다 예리했지만, 내게는 그보다 합리적인 선택지가 있었다.

"바다야 이걸로 더 섬세하게 볼 수 있는데 굳이? 시간 아까워."

나는 뽕이를 추켜세우며 말했다. 어느새 뾰로퉁해진 그가 양볼에 가득 투정을 물고 말을 던졌다.

"시간 아껴서 뭐하게?"

"페달 밟아."

나는 그가 던진 질문을 받아치지 않고 땅에 툭 떨궜다.

"페달은 왜 밟는데?"

"돈 벌려고."

"돈 벌어서 뭐하게?"

"나중에 진짜 하고 싶은 게 생기면 그때 쓸 거야."

바다야 나중에 정말 간절히 원할 때 가면 된다. 굳이 지금 가야 할 필요는 없다.

"그럼 하고 싶은 건 언제 찾을 건데?"

아무래도 이 녀석은 나와 말장난을 하고 싶은 것 같다.

"하고 싶은 것부터 찾으면 안 돼?"

"그럴 여유 없어."

"네가 여유를 없애는 건 아니고?"

다 질문이다. 그의 말은 항상 다 물음표로 끝이 난다. 그 갈고리는 항상 내 신경을 북북 긁는다. 그리고 오늘은 내 마음을 걸고 늘어진다. 늘어진 내 마음은 그를 받아 줄만큼 부드럽지 못하다.

"적어도 너처럼 간절히 원하는 게 생겼을 때, 바이올린을 손으로 뜯는 멍청한 짓은 안 하겠지."

"…"

홀리듯 이를 악물며 한 말에 그의 질문이 멎었다. 이전의 침묵처럼 그의 눈에 활기가 어리진 않았다. 내가 받은 만큼만 돌려주려 한 말인데, 막상 그의 입이 발전을 멈추니 약간은 미안한 마음이 들었다. 그러나 잠시 후 꽤나 당당한 그의 음성이 들려왔다.

"그래도 나는 바이올린을 연주하며 살고 있잖아. 활이 없어도, 매일 연습도 하고, 가끔은 공연도 해. 내일도 광장에서 공연이 있는 걸?"

내가 제기한 문제는 아무것도 아니라는 듯이 말하는 그의 음성에 울화가 치밀었다.

"그러면 그것만 하지 너는 왜 맨날 여기 있는데?"

"나는 곧 관둘 거야. 관두고 공연만 하며 살 거야."

"너 그 말만 3개월째 하고 있는 거 알지? 그렇게 돈에 관심 없는 사람이 왜 그렇게 오래 페달을 밟아? 여유 따윈 보이지도 않던데?"

그가 내 옆자리로 온 이후로, 나는 한 번도 그의 자리가 비어 있는 걸 본 적이 없다. 그가 오는 시간을 피하기 위해 아침에도, 밤늦게도, 심지어는 새벽 3시에도 와봤지만, 그는 항상 페달 위에 있었다. 일부러 나를 쫓아다닌 게 아니라면, 그는 아마 대부분의 시간을 페달 위에서 보낼 것이다.

"나한테 돈 모아서 어디 쓰냐 묻지만, 결국 너도 다 돈 때문에 악기를 포기하고 있는 거잖아."

"그건…"

그가 무언가 말을 하려다 말고 입을 우물거렸다. 나는 사수의 탈을 쓰고 그를 쏘아붙였다.

"활 사려 그런다는 변명은 하지 마. 너 그거 살 거였으면 벌써 사고도 남았어. 활을 금으로 만들거나, 미쳤다고 전자 바이올린을 사지 않는 이상 그렇게 오래 페달을 밟을 이유가 없다고."

오래도록 익힌 장독에 구멍을 낸 듯, 묵었던 짜증은 그칠 줄 모르고 밖으로 흘러넘쳤다.

"남들과는 뇌구조부터 다른 예술가인 척, 세상에 구속되지 않고 자유로운 척하지만, 이 센터에서 페달에 발을 올리는 이상 결국 너도 똑같은 거 아니야? 여유를 가지고 인생 즐기라는 말 누가 못해? 근데 항상 페달 위에서 돈 벌려고 악쓰는 네가 그런 말 할 자격 있어?"

조금 과하다는 생각이 들었을 즈음에는 이미 말을 다 뱉어낸 다음이었다. 말이 많아서, 내 휴식을 방해해서 동휘를 싫어한다고 생각했다. 그런데 나도 모르는 사이 다른 감정이 쌓이고 있었던 걸까? 답지 않게 오버했다. 침묵만이 나와 동휘 사이의 빈 공간을 채웠다.

그는 고개를 푹 숙이고 있었다. 꼼지락 대는 손톱이 손잡이의 개구리를 파고들었다. 그와 함께한 이래 처음으로 그의 발전소가 멈춘 듯했다. 그런데 이상하게도 멈춰 있는 그의 모습을 더는 보고 싶지 않았다. 페달을 2시간밖에 밟지 않았지만, 나는 조용히 일어나 센터를 나섰다.

어제 못다 한 시간을 채우기 위해 조금 일찍 센터에 들어섰다. 처음으로, 옆자리가 비어 있었다.

'그거 가지고 삐지냐…'

차라리 잘 됐다 싶은 마음으로 페달을 밟았다. 굳이 집중하는 척 영상을 볼 필요도 없고, 이어폰을 꽂을 필요도 없다. 오래간만에 시원한

귓구멍으로 바람이 지나는 것을 느꼈다. 전처럼 주변의 소리에 집중
했다.

팔팔팔팔

팔팔팔팔

꽤 많은 이들이 페달을 밟고 있는데도 오늘따라 말소리가 들리지 않
았다. 힘겹게 페달이 돌아가는 소리만 적나라하게 들릴 뿐이었다. 멍
청한 페달은 평소보다 더 투박하게 소리를 토해냈다. 조금은 다른 소
리가 필요했다.

'보다 자연스럽고, 보다 자유로운. 딱 바다 같은 소리.'

이어폰을 귀에 꽂았다. 어제 보았던 바다를 다시 꺼냈지만, 불편한
마음도 같이 펼쳐지는 것 같아 황급히 다른 영상을 찾았다. 새가 지저
귀는 소리, 나뭇잎이 부딪치는 소리가 들렸다. 머나먼 어딘가의 숲을
뚱이가 끌어안으려는 순간이었다.

피유우웅

바람 새는 소리가 들리더니, 스마트폰이 까맣게 물들었다. 아니, 정
확히 말하면 모든 시야가 까맣게 물들었다.

"뭐야?"

"이거 왜 이래?"

"정전인가?"

어둠을 헤치는 사람들의 목소리가 꽤나 반가웠다.

"다들 괜찮아요?"

"어떡해, 무서워요"

"에이, 재수가 없으려니, 별.."

누군가는 걱정을, 누군가는 두려움을, 누군가는 짜증의 목소리를 높였다. 사람들이 어떤 표정을 짓고 있을지 궁금해지던 찰나, 작은 불빛 몇 개가 고개를 들었다.

"스마트폰에 비상전력 있으니까 다들 후레쉬를 켜봐요. 지금 몇몇이 중앙통제 센터에 확인하러 갔으니까, 무슨 일인지 금방 알 수 있을 거예요."

하나 둘 불빛이 늘어나고, 웅성거림이 잦아들었다. 작디작은 불빛들은 어느새 한 구석으로 모여 전구보다 큰 빛을 만들어냈다. 같은 공간에서도 절대 가까이 붙지 않았던 사람들이, 자석에 이끌리듯 어깨를 맞댔다. 나는 조심스레 무리의 끄트머리에 서서 소심한 불안을 덜었다.

"지하라 그런지 불이 안 들어오니까 엄청 컴컴하네요."

"그래도 스마트폰에 비상 전력이 있어서 천만다행이네, 허허"

"아마 센터에 있는 비상 발전기도 곧 돌아갈 거예요!"

"그래요, 조금만 기다려봅시다."

잔뜩 날을 세웠던 목소리들이 뭉치면서 둥그렇게 변했다. 훨씬 따뜻한 목소리가 서로의 어깨를 보듬었다. 우리가 고슴도치가 아님에 감사하는 순간이었다.

"잠깐만,"

갑자기 가시 돋친 소리가 귓가를 찔렀다.

"이.. 이게 뭐야?"

목소리의 주인공은 후레쉬도 켜지 않은 채 스마트폰 화면을 쳐다보고 있었다. 스마트폰의 무언가가 그녀의 시선을 쭉 빨아들이는 듯했다.

"마.. 마일리지가 없잖아?!"

고요가 사람들의 숨을 앗아갔다.

"… 뭐요?"

"그게 무슨 소리예요?"

질문보다 추궁에 가까운 목소리는 속으로 무언가를 열심히 부정하고 있었다.

"스, 스마트폰을 확인해봤는데, 마일리지가 없어요.. 다 초기화되었다구요!"

그녀는 말 끝 마디를 거의 토해내다시피 했다.

"에이~ 그럴 리가~"

"어? 왜 이게 0으로 뜨지?"

"저.. 저도!"

"나도 없어!"

"그.. 그럴 리가…"

능청스러운 목소리가 무안할 만큼 경악에 빠진 말들이 공간을 채웠다. 상황을 이해하지 못했던 사람들도 허둥지둥 스마트폰을 확인했다. 모였던 불빛이 순식간에 흩어졌다.

두우우웅

다시 센터에 불이 들어왔다. 빛에 적응하기 위해 잠시 눈을 찡그렸

다 풀었다. 완전히 빛에 적응하지 못한 눈에는 차가웠던 목소리보다
더 꽁꽁 얼어붙은 사람들의 표정이 들어왔다.

"그.. 그럼 이거 어떻게 되는 거예요? 제 마일리지는 그럼.. 어
떻게…"

눈에도 정신에도 초점이 없는 목소리였다.

"에이~ 돌려받을 수 있겠죠. 우리 실수도 아니고, 센터가 꺼진 걸."

태연함 너머로 작은 떨림이 느껴졌다. 아니, 어쩌면 내 손이 떨리기
에 그렇게 느껴진 것일지도 모른다. 아직 전원이 들어오고 있는 풍이
를 한 손으로 꾹 움켜쥐었다.

"다들 여기로 좀 와봐요!"

모여 있는 사람들 너머로 팔을 크게 휘적이는 한 남자가 보였다. 사
람들은 홀린 듯 그를 향해 움직였다. 나도 행렬의 끝을 잡았다. 그를
따라간 곳은 분명 센터 내부임에도 한 번도 가본 적이 없는 곳이었다.

중앙 제어 센터.

페달에서 생산된 전기를 측정하고 스마트폰에 마일리지를 지급하
는 센터의 중앙 엔진이 있는 곳이다. 일개 페들러인 내가 그곳에 가지
않는 것은 어찌 보면 당연했다. 그러나 사람을 따라가 마주한 중앙 엔
진은 기계에 일자무식인 내가 보기에도 뭔가 이상했다. 매끄러운 겉
면은 온데 간데없이 사라져 적나라하게 내부를 드러냈으며, 고도의 기
술로 사람들을 압도해야 할 엔진은 창에 부딪친 날파리처럼 파들 거리
고 있었다. 작게 잡아도 성인 남성의 덩치는 뛰어넘을 만큼 거대한 기
계가 벌레처럼 작고 하찮아 보인다는 것이 의아했다. 차가운 회색으로

덮인 금속들 사이로 전혀 다른 갈색의 무언가가 끼어있는 것이 보였
다. 사람들은 이 모든 사건의 원흉이 저 가냘픈 조각임을 눈치챘을 것
이다. 마음보다 몸이 앞선 사람 몇몇이 엔진 가까이 고개를 기울였다.

"저거 그거 아니야? 그.. 바이올린 연주할 때 쓰는 거?"

"어? 맞는 것 같아요."

"맞네! 바이올린 활 그거!"

엔진에 끼어 두 동강이 났지만, 볼품없이 갈라진 털과 자갈색 몸체
는 누가 봐도 예술가의 것이었다. 아주 찰나의 시간 동안 머릿속으로
아둔한 한 남자의 얼굴이 스쳤다.

"어떤 미친놈이 엔진에다 활을 박아!!!"

생에 처음으로 멈춰 선 엔진을 감상할 틈도 없이, 험악한 고함소리
가 센터를 장악했다.

"어떤 놈이야!!!"

소리를 크게 지를수록 답에 가까워진다고 생각하는 걸까? 대답할
사람 하나 없는 곳에 번잡한 소리가 울려 퍼졌다.

그래, 분명 답하는 이가 없어야 했다.

"그.. 우리 파트에 맨날 바이올린 들고 다니는 애 하나 있지 않아?"

"어? 맞아, 그 동식인가 동잰가 하는 애?"

지겹던 이름이 다른 사람의 입을 통해 나오는 순간, 이상하게 온 몸
에 소름이 돋았다. 상황이 좋지 않았다.

"내 앞자리에 앉는 자식이야, 오늘 안 왔어."

"매일 꾸준하게 오던 녀석이 갑자기 안 왔다고? 마침 이런 날에?"

다들 쉽사리 말을 꺼내지는 않지만 속으로 같은 생각을 하고 있을 것이다.

'여차하면, 동휘를...'

마음 한 구석이 비틀렸다.

동휘는 허세를 온몸에 둘러 자신을 가리는 사람이다. 큰 사고를 일으킬 위인은 되지 못했다. 적어도 내 눈에는 그랬다. 제6의 감각이 어서 동휘를 찾으라고 소리쳤다.

하지만 어떻게? 어디서?

'활이 없어도, 매일 연습도 하고, 가끔은 공연도 해. 내일도 광장에서 공연이 있는 걸?'

불현듯 익숙한 목소리가 귀를 스쳤다.

'센터 북쪽 문화 광장'

생각을 정리하려 했다. 하지만 이미 발이 나아가고 있었다. 지금 이렇게 뛰어나간다면 의심받을 것이 분명한데도, 이미 구르기 시작한 발은 멈출 생각을 하지 않았다. 페달을 밟으면서 상체를 따로 놀렸더니 정말 상하체의 자아가 분리된 것만 같았다. 센터의 건조한 공기가 이내 덥고 습한 공기로 바뀌고, 내 발은 어느새 거리의 보도블록 위를 내달리고 있었다. 대체 나는 무슨 생각을 하고 있는 걸까? 그에게 가서 뭘 어쩌고 싶은 걸까? 내 마일리지는 어떻게 되는 걸까? 왜 사람들은 일단 언성을 높인 걸까? 엔진은 왜 그깟 나무 막대기 하나를 이겨내지 못했을까? 고약하게 얽힌 머릿속은 풀릴 생각이 없어 보였다.

짝짝짝짝짝짝

멀리서 진중한 박수 소리와 약간 수줍은 환호가 들렸다. 그 소리가 가까워질수록 머릿속의 실타래가 흐릿해졌다. 웅성이는 사람들 사이로 보이는 그의 꽁지머리가 반가웠다. 사람들 사이를 파고 들어가 그를 마주했다. 그 와중에 반갑다고 웃는 모습이 퍽 재수 없었다. 인사는 나중에.

지저분한 애교머리 옆으로 여유만만하게 올라간 입꼬리를 지나쳐 그의 손목을 움켜잡았다. 그리고 또다시 달렸다. 당황한 손목이 뻣뻣하게 움직였으나, 나는 절대 놓지 않을 마음으로 손에 힘을 주었다. 질문할 정신도 없었는지 그는 아무것도 묻지 않았다.

그렇게 몇 분을 달렸을까? 페들링 센터의 그림자도 보이지 않을 곳에 다다르고 나서야 그의 손을 놓고 숨을 골랐다. 페달을 밟으며 단련했던 다리 근육에 감사한 마음이 들었다. 가빴던 숨이 잦아들 때가 되어서야 그를 쳐다보았다. 물음표로 가득한 눈빛. 별로 이렇게 가까이 보고 싶지는 않았던 눈빛이 무언으로 질문을 쏟아냈다. 하지만 오늘의 질문자는 그가 아니라 나였다.

"너야?"

"뭐가?"

정말 아무것도 모른다는 표정이 거슬렸다.

"너 활 샀어?"

"…어?"

"활 샀냐고!"

"아니?"

예상했던 답이었는데, 무언가 후련한 맛이 없었다.

"왜 안 사?"

"그거 물어보려고 여기까지 온 거야?"

"묻는 말에나 대답해."

"안 사. 살 돈도 없고."

"네가 돈이 왜 없어. 너 맨날 페달 밟잖아. 그 돈은 다 어디 쓰는데?"

"우리 형."

갑자기 낮아진 그의 목소리가 뜬금없는 단어를 뱉었다.

"우리 형 연골 수술해야 돼. 2년 전에 사고로 무릎을 다쳐서, 더이상 페달을 밟을 수가 없어. 꼭 수술해야 된대. 내가 해주기로 약속했어."

차라리 듣지 않는 게 나았을 법한 이야기였다. 그를 마주할 때면, 뭔가 형용할 수 없는 바람이 마음을 스친다. 스콘처럼 뻑뻑하게 굳어 있어야 할 마음이 자꾸만 폭신해지려 한다. 그가 한결 더 재수 없어졌다.

"그리고 활은 누가 줘도 안 쓸 거야. 손으로 연주하는 바이올리니스트라고 하면 사람들이 더 좋아한단 말이야. 아, 없어 보여서 이 얘기는 안 하려 그랬는데…"

머쓱하다는 듯 뒤통수를 긁적이는 동휘를 보니 이마에서 열기가 빠져나갔다. 내가 이런 모습을 보려고 그렇게 달렸던가…

"그래서, 갑자기 활은 왜?"

대답을 고르는데 어디선가 소란이 들려왔다.

"야! 너 거기서!!!"

"우하하하하핫"

부모님 속을 꽤나 썩였을 말썽꾸러기 아이들이 뛰어왔다. 평소였다면 그냥 인상을 한 번 찌푸리고 나서, 진중한 어른인 척 아이들을 흘겨보았을 것이다. 이번에도 그걸로 충분했어야 했다. 문제는, 그 소리가 나와 너무 가까웠다는 점이다. 배꼽 높이의 작은 아이가 똥이를 움켜쥔 내 손을 들이받았다.

퍽!

털그덕.

딱 그뿐이었다. 아무 말도 할 수가 없었다. 내 손을 벗어나 차가운 콘크리트 바닥으로 자유 낙하한 똥이가 눈에 들어왔다. 아무리 멍청하게 보여도 괜찮으니, 폰을 보호하는 임무만 잘 수행하라는 마음이었는데… 똥이는 그 마저도 잘 해내지 못했다. 밍숭 했던 소리와는 달리, 액정은 전쟁이라도 치른 듯 갈라져 있었다. 그게 참 아쉬웠다. 이왕 망가질 거라면, 좀 더 요란한 소리가 났어야 했다.

"죄, 죄송합니다."

"괜찮아?"

어디서 걱정 비슷한 게 들려왔지만, 내가 듣고 싶은 소리는 이런 류의 것이 아니었다.

'털그덕'

머릿속으로 직전의 소리를 다시 재생해보았다. 여전히 뭔가 비어 있었다. 다른 소리가 필요했다. 오른발을 액정 모서리에 얹어보았다. 아무런 소리가 나지 않자 발끝에 힘을 주어 비틀었다. 조각 몇 개가 떨어져 나왔지만, 여전히 조용했다. 기둥처럼 굳어 있는 동휘를 붙잡고

양 발로 똥이를 찍어 눌렀다. 허벅지 앞부터 종아리까지 바짝 힘이 들
어간 두 발을 어긋나게 뒤틀었다.

콰드득

그제야 파편이 부딪치는 소리가 났다. 발을 몇 번 더 바닥에 비벼봤
지만 모래 밟듯 바스락 거리기만 했다. 이전의 것이 최후의 신음이었
을 것이다.

'고작…'

그게 전부였다. 일생을 함께했던 똥이와의 이별은 꽤나 심심하고
지루했다. 아직 남아있는 할부가 마음에 걸렸지만, 마일리지도 없을
지 모르는데 뭐, 어떻게든 되겠지 싶었다. 고개를 돌리니 얼굴이 허옇
게 질린 아이가 딱딱하게 서 있었다. 똥이를 몸으로 완전히 가린 채,
무릎을 굽혀 아이와 시선을 맞췄다.

"괜찮아. 걱정 말고, 마저 놀아."

아이는 우물쭈물하더니 고개를 한 번 숙이고 멀찍이 서있는 친구를
향해 달려갔다. 왠지 으쓱한 기분이었다.

"너.. 그래도 되는 거야?"

처음으로 이놈의 당황한 얼굴을 보았다. 썩 볼만한 표정이다. 평소
답지 않은 그의 어수룩함에 호응하고 싶었다. 나도 딱, 평소와 다른 모
습으로.

"가자."

동휘는 평소보다 더 바보 같은 얼굴로 나를 바라봤다.

"어딜?"

"바다."

"어?"

그 멍청한 얼굴이 꽤나 볼만 했는지, 나도 모르는 새에 입꼬리에 힘이 풀렸다.

"가자고. 바다."

먼 거리를 달려온 파도가 우리 앞으로 철썩였다.

난기류

김희현

김희현   사람 냄새 나는 이야기를 사랑한다. 특히 소란스러운 인생사를 좋아한
다. 사람 사는 이야기를 주로 상상하고 쓴다. 각자의 인생은 나름 고달프
고 슬프다. 그래서 인생을 담은 이야기를 쓰고 싶고, 무엇보다 누구나 끄
덕일 수 있는 글을 쓰고 싶다. 마지막 페이지를 읽고 난 후 고민이 많아지
는 책보다 마음이 한결 가벼워지는 글을 쓰고 싶다

　은영은 어쩌면 이 비행기가 뜨지 못할 수도 있겠다고 생각했다. 물론 날씨는 완벽했다. 기체 결함으로 인한 지연도 아니었다. 다만 자신의 몸이 비행기 날개 한 짝보다 무겁다는 느낌 때문에, 이륙하는 순간 땅 밑으로 추락할 것만 같았을 뿐이었다. 그럼에도 비행기는 아무런 문제 없이 요란한 소리와 함께 땅을 박차고 날았다. 꿀음이 몰려오자 먹먹함이 귀를 가득 메웠다. 그때, 이명이 스친 짧은 순간이나마 은영은 복잡한 생각에서 벗어날 수 있었다.

　은영이 실신한 건 일주일 전이었다. 그날따라 미상의 현기증이 있었다. 불현듯 그 거북함이 무언의 신호를 보내는 듯했으나 애써 무시했다. 은영은 단순히 중대한 자리가 주는 압박감에 따른 긴장감이라 치부하고 싶었다. 그러나 자리에서 일어나는 순간, 모든 열이 머리로 향하는 느낌과 함께 손발에 힘이 빠지며 중심을 잃었다. 그때 은영은 직감했다. 조금 전의 현기증은 신원 미상이 아니었다. 아주 오래전, 어렸을 적 맞닥뜨렸던 그것이었다.

　"은영 씨, 은영 씨! 깜짝 놀랐잖아요 갑자기…"

"어떻게 됐어요?"

"일단 마무리됐으니까 걱정은 안 해도…"

눈을 뜬 은영의 옆에 서 있던 직장 동료가 말을 흐렸다. 병원에 온 정황부터 물을 것이란 예상과 다르게 은영은 눈을 뜨자마자 일의 결과부터 캐물었다. 성과를 위한 정성이라기엔 절실해 보이기까지 했다. 응급실을 이리저리 둘러보던 직장 동료는 이미 검사를 마쳤고 곧 의사가 올 거라며 아까부터 요란하게 진동하는 휴대폰을 보여줬다. 바쁜 일을 뒤로 하고 응급실에 발이 묶인 것에 매우 곤란해 보였다. 은영 역시 누군가가 옆에 남아 진단 결과를 함께 듣기를 원하지 않았다. 더구나 회사에 소문이 나는 것도 바라지 않았다. 손가락을 바삐 놀려가며 문자를 보내는 동료에게 더 이상 있어 주지 않아도 된다고 말하며, 요 며칠 일 때문에 쪽잠을 잔 탓이라는 상투적인 구실을 던졌다.

직감은 생각보다 더 예리했다. 등을 타고 내려앉은 불안감은 곧 사실이 되었다. 이를 알아차렸을 즈음에는 의사의 입에서 재발이라는 말이 세 번째로 나오고 있었다. 사진 속 하얀색 덩어리를 쉴 새 없이 가리키며 변호사 마냥 열변을 토하는 그 앞에서 은영은 마냥 메스꺼울 뿐이었다. 당장이라도 자리를 박차고 나가 두세 번 정도 구토를 하면 저 덩어리를 빼낼 수 있을 것만 같았다.

의사의 확증이 끝나자 은영은 몸 안에 자라난 암세포의 무게를 실감했다. 더운 여름날 땀에 찌든 티셔츠가 온몸에 붙어 떨어지지 않는 것 같은 진득한 불쾌감이었고, 시멘트 몇 겹을 온몸에 덕지덕지 바른 것 같은 육중한 거북함이었다. 그날만큼은 당장이라도 집으로 돌아가고 싶었다. 오롯이 혼자만 지내던 은영의 공간으로. 그리고 화장실로 달려가 모든 감정을 토해내고 싶었다.

"그래서 지금 입원 절차를 진행하셔야 합니다. 이렇게 하시다가 정말 큰일나요.

"아니요, 입원하고 싶지 않아요. 해야 할 일도 많고…"

"환자분! 정말 심각한 상황이라니까요. 도대체 왜 거절하시는 거예요?"

두어 번의 고성과, 십 수번의 한숨, 그리고 은영의 거절이 열 번 정도 이어질 때였다. 이제 의사는 직업의 윤리와 의무 따위를 넘어서 순전히 그녀의 의중이 궁금해지기 시작했다.

"할 일이 많아요. 그리고… 그냥 입원하고 싶지 않아요."

"휴…"

의사는 CT 사진과 차트를 번갈아 보더니 숨을 길게 몰아쉬었다. 마음 같아서는 가슴을 주먹으로 쿵쿵 치고 싶은 정도였다. 그때도 은영은 등받이가 없는 의자에 꼿꼿이 앉아 자신의 차트를 무심히 쳐다보고 있을 뿐이었다.

확실히 은영은 여타의 환자들과 판이했다. 암 선고를 내뱉은 의사의 앞에서 환자들이 보이는 모습은 보통 두 가지였다. 물기 가득한 눈망울로 망연자실하거나, 일그러뜨린 눈으로 매서운 말들을 쏘아붙이거나. 이는 예상치 못한 존재로 인한 좌절의 양상이었으며, 어쩌면 암 환자에게 필수 불가결인 단계이기도 했다. 그 단계를 지나야 겸허히 받아들이고 곧 치료를 맞이하곤 했으니까. 그러나 은영은 눈물을 보이지도, 그렇다고 분노하지도 않았다. 적막 속에서 건조한 듯 갈라진 목소리로 한 가지를 물을 뿐이었다.

"…비행기는 타도 되겠죠?"

*

은영은 무성한 가로수에 병원 건물이 가려질 즈음에야 걸음을 멈췄다. 정사각형의 작은 창문이 나무 사이로 슬쩍 보일 정도가 되자 주체할 수 없는 구역감이 가라앉았다. 앓는 사람들과 돌보는 사람들이 지겹도록 엉켜 있는 곳. 저곳은 18년 전 은영이 두 해 하고도 석 달을 지냈던 곳이었다. 그리고 오늘 하필이면 우연히도 같은 병원에 오게 되었다.

하필과 우연. 어른들이 자신을 볼 때 버릇처럼 내뱉던 두 단어와 측은한 표정은 아직까지 뇌리에 깊게 박혀 있었다. 동정 어린 시선에 잔뜩 굳은 아이를 녹여준 건 엄마의 애정 어린 따뜻한 말이었다.

'우리 은영이는 꼭 행복할 거야. 그래서 지금 미리 힘든 거야. 나중에 한 번에 몰아서 행복해지려고.'

병원복 차림의 어린 은영이 버티기 힘든 치료를 끝낸 날이었다. 땀에 젖은 은영의 얼굴을 꼼꼼히 닦아주던 엄마가 은영의 귓속에 속삭였다.

허옇게 핀 제 피부는 신경도 못 쓰고 아이의 고통에만 노심초사하던 엄마의 말은 마법의 주문이었고 예언이었다. 그래서 혼자 퇴원했을 때도 행복해지기 위해 살아야만 한다고 다짐했다. 그러나 엄마의 예언은 오늘로써 헛소리로 전락해 버렸다. 은영은 지금까지의 발자취가 마치 정처 없는 방황으로 부정당하는 것만 같았다.

- 선배! 어떻게 되셨어요? 좀 괜찮으세요?

- 내일 일에 차질이 있을까 해서요…

별안간 은영의 회상을 끊은 것은 후배가 보낸 문자 알람이었다.

- 내일 갈 수 있어. 짐도 다 싸놨었고.

- 다행이다! 전 또 선배 못 갈 까봐 걱정했죠.

은영에게 '최연소'라던가 '전례없는' 과 같은 수식어가 붙고, '일만 하는', '무뚝뚝한' 정도의 뒷말이 생겨날 때였다. 유달리 붙임성이 좋던 이 후배가 호기롭게 왜 그리 열심히 일하느냐고 물은 적이 있었다. 한참을 생각하던 은영은 답했다. 행복해지려고. 그러자 후배는 딱히 할 말이 생각나질 않았는지 고개를 한번 끄덕이곤 제 할 일을 계속했다. 그러나 은영은 자신의 대답에서 이질감을 느꼈다. 마치 모순이 이 끼처럼 군데군데 끼어 있는 것만 같았다.

오랜만에 받은 후배의 연락에 다시금 그날의 대화가 떠올랐다. 은 영은 내일 업무상 미국행이 확정되어 있었다. 원래였다면 미리 싸 둔 짐을 가지고 오늘 저녁에 공항 근처 호텔로 가 있을 참이었다. 입원을 거절하면서 비행기는 타도 되는지 물어본 이유도 바로 내일 있을 출장 때문이었다. 물론 출장이 예정에 없더라도 입원은 하지 않을 터였다. 그러나 혹시 오늘처럼 일에 차질이 있지 않아야 했기에 그 점은 확실 히 해 두어야 했다.

- 그러면 몸은 괜찮으신 거예요?

- 응, 그냥 과로래.

-다행이네요. 조금이라도 쉬시고 잘 다녀오십쇼!

다 차치하고 은영은 당장 내일 출장을 해결하기로 했다. 오히려 그 편이 지금의 혼란에서 벗어나기 가장 좋은 방법일 것 같았다.

*

"승객 여러분, 이 비행기는 뉴욕 뉴어크 공항까지 가는 비행기입 니다."

캐리어를 끌고 호텔에 체크인할 때도, 침대에 누웠을 때도, 비행기 에 탑승한 지금까지도 은영의 신경은 그저 몸 어딘가 구석구석 퍼져 있을 암세포에 매몰되어 있었다. 벗어날 수 없었다 하는 게 맞겠다. 마 치 온 정신을 와락 구겨 세포만큼 미세한 구멍에 억지로 욱여넣는 느 낌이었다.

은영의 걱정이 무색하게도 비행기는 찬란하게 비상했다. 푸른 하늘 을 빠르게 스쳐 지나가던 비행기는 심하게 떨리다 안정권에 들어섰는 지 곧이어 굉음이 멈췄다. 그러자 요란한 소리에 묻혔던 사소한 소음 이 들리기 시작했다.

"미안해요, 신경 쓰이죠?"

옆자리에 앉은 노인이 말을 건넸다. 회색의 머리칼을 곱게 빗어 넘 긴 할머니의 품에는 파란색 비닐봉지가 있었다. 작은 움직임에도 부스럭거리는 소리가 영 신경이 쓰였는지 은영을 쳐다보며 곤란한 미소를 보였다. 이내 엉덩이가 배기는 듯 두어 번 자세를 고쳐 앉았다. 불편하기 그지없는 비행기 좌석은 70대로 보이는 노인에게 고단한 비행을 예고했다. 14시간이나 걸리는 질긴 비행일 텐데도, 주위에는 동행자 하나 보이지 않았다.

"괜찮아요."

"중요한 거라서 안고 탔더니… 미안하게 됐네요."

"편하게 가세요."

"아가씨도 혼자 가나 봐요."

"… 네."

"나도 같아요. 실은 내 집으로 돌아가는 거죠. 한국에는 들를 일이 있었고."

노인의 목소리는 물기가 어린 듯 다소 떨렸다. 그러나 긴장이 섞이지 않아 특이한 목소리임엔 분명했다. 이윽고 노인은 나긋한 목소리로 은영에게 사삿일을 늘어놓기 시작했다. 그러나 은영은 노인 특유의 너스레나 태연함을 유독 어려워했다. 누군가는 그 모습을 부모가 없어 어른 대하는 법을 배우지 못했기 때문이라고 말했다. 줄곧 부정해왔지만, 곧 그 말은 기정사실이 됐고 결국 은영의 살갑지 못한 성격은 부모의 부재 탓이 되었다.

"비행기를 타는 건 이번이 세 번째죠. 처음 비행기를 타고 미국에 갈 때는 절대 한국에 갈 일이 없을 거라 했는데… 결국 이렇게 됐네요."

어쩌면 노인은 대화가 아닌 발화가 필요했던 것일지도 모른다. 그
도 그럴 것이, 별다른 대답 없이 앞좌석만 쳐다보는 은영에게 불쾌함
을 내비치지도 않을뿐더러 오히려 만족스러운 표정을 하고 있었다. 고
개를 쭉 빼는 자세가 불편하지도 않은 지 특유의 목소리로 얼마 안 되
는 비행 경험을 늘어놓기 시작했다. 은영은 여전히 노인 특유의 너스
레가 부담스러웠다. 그러나 이 조용한 기내에서, 들뜬 얼굴을 한 노인
에게 불평하는 것 역시 어려운 일이었다. 이내 은영은 고개를 끄덕이
는 것으로 대답을 대신했다.

"그래서 비행은 여전히 어색하네요. 그래. 그러면 아가씨는 비행기
를 타는 게 익숙한가요?"

"아니요."

"그렇군요. 자주 타진 않나 보죠? 분명 여행은 아닐 거라 생각했어
요. 아가씨의 표정은 여행자의 표정과는 좀 다르군요."

손목시계를 확인하던 은영이 순간 멈칫했다. 찰나, 은영은 얼굴 근
육의 미세한 경련을 느꼈다. 자신이 어떤 표정을 하고 있었는지 짐작
조차 가지 않았다.

"지금 이 비행기 안에도 기대로 부푼 얼굴들이 가득하잖아요. 참…
저 웃음들 하며… 공기가 즐겁지 않나요?"

공기가 즐겁다니. 은영은 터무니없는 소리에 아무런 말 없이 창문
을 바라보았다. 대답할 의지가 끝내 메마른 탓이었다. 은영은 사색에
젖은 노인이 터무니없는 소리를 늘어놓았을 뿐이라 생각했다. 그러나
단단히 숨긴 속살이 그대로 드러난 것만 같은 기분을 떨쳐낼 수 없었

다. 짙은 연륜의 통찰은 매섭도록 날카로웠다. 은영을 담은 노인의 눈빛은 그토록 성숙했다.

"승객 여러분, 우리 비행기는 안정권에 들어섰으며 방금 좌석벨트 표시등이 꺼졌습니다. 그러나 기류 변화로 비행기가 갑자기 흔들릴 수 있으므로 가급적 안전벨트를 착용하여 주시기 바랍니다."

둘 사이의 정적이 이어지던 때였다. 은영은 노인이 영양가 없는 말들을 다시 이어 나가길 은연중 바랐다. 아니면 차라리 노인의 시선을 환기할 어떠한 소음이라도 생기길 바랐다. 이윽고 승무원의 안내 방송이 기내에 울려 퍼지고 머리 위쪽의 표시등이 꺼졌다. 은영은 슬며시 벨트를 풀고 일어났다. 노인은 고요히 은영을 올려다보았다. 노인에게 짧게 목례하고 좁은 좌석 사이를 지나 화장실로 향했다. 그대로 고개를 떨궈 미뤄둔 한숨을 몰아 내쉬었다. 그리고 세면대에 기댄 채 거울을 바라보았다. 경직된 얼굴은 그대로 굳어 그녀의 얼굴을 대신하고 있었다. 은영의 표정은 어떠한 단어로도 형용하기 어려웠다.

묶은 머리, 구색만 갖춘 무채색 옷. 화장기 없는 얼굴에 간신히 매달린 듯한 건조한 입술. 은영은 매일 아침 늘 깔끔히 다린 옷을 입고 다녔다. 또 화장을 즐겨하진 않았지만 중요한 날이면 옅은 색의 립스틱 정도는 바르곤 했다. 아마 평소였더라면 오늘 역시 그랬을 것이다. 그러나 사소한 습관마저 잊을 정도로 은영은 완벽히 모든 것에 지쳐보였다.

*

은영은 고독한 질주자였다. 꼭 행복하라는 엄마의 유언을 언젠가 마주하리라는 믿음 하나를 안고서 끊임없이 달려왔다. 혼자서 완치 판정을 받은 후부터 삶을 그리 대했다. 일종의 조바심이었다. 빨리 행복을 갖춰야만 할 것 같았고, 이를 위해 단단히 대비해 두어야 할 것 같았다. 이모 집에 얹혀살며 고등학교에 다니기 시작한 이후로는 증세가 더 심해졌다. 대학이 은영의 조바심을 건드려버린 것이다. 담임은 열정이라 했다. 같은 반 아이들은 독종이라고 했고 이모는 미련이라 했다. 뭐가 됐든 상관없었다. 그렇게 살기만 하면 언젠가 행복을 쟁취할 수 있을 것 같았다. 그렇게 은영은 행복의 행방이 성공 근처에 있다고 착각하기 시작했다.

어느 겨울, 대학 발표가 있던 날이었다. 은영은 장학생으로 선정되었다는 합격 통지서를 이모에게 건넸다. 학교 정문에 달릴 현수막의 앞자리를 차지할 만큼 좋은 대학이었다.

"저 독립할게요, 이모. 그동안 감사했어요."

"장학생이니?"

"네. 완전 면제는 아니지만…"

"그래. 그렇구나. 축하한다."

"… 은혜는 원하시면 나중에라도 갚을게요. 감사했어요."

이모가 조용히 주방으로 들어가 찬장 깊숙한 곳을 뒤적거렸다. 이윽고 통장을 꺼내 식탁에 올려놓았다.

"네 엄마 보험금이야. 언니 그렇게 간 이후로 한 번도 안 건드렸어.

그동안 먹고 자게 해 준 건 내가 네 엄마 동생이라서 해 준 거야. 별다른 뜻은 없어. 행복하게 살아라."

이모는 그리 살가운 사람이 아니었다. 그저 자식에게서 비롯되는 사랑을 숨기지 않았던 사람이었다. 그렇다고 구박이나 차별을 일삼은 것도 아니었다. 이모는 없는 사정에 계절마다 필요한 옷을 사줬고 문제집 살 돈도 가끔 쥐여줬다. 저녁상에서도 은영은 동갑인 사촌과 똑같은 고기반찬을 먹을 수 있었다. 그러나 밥그릇 위에 반찬 한 점 올려준 적은 한 번도 없었다. 살가운 말투로 오늘 저녁엔 무얼 먹고 싶냐는 물음도 받아본 적 없었다. 단지 이모는 우러나지 않는 애정을 애써 뽑아내려 하지 않았을 뿐이었다.

은영은 자신이 이 가정에 완벽히 속할 수 없다는 것을 누구보다 잘 알았다. 거둬 키워주는 것만으로 은영에겐 큰 빚이었으니, 그 이상의 애정도 감히 바라지 않았다. 그러나 이상하게 엄마가 유독 사무치게 그리워지는 날이 있었다. 그때마다 은영은 책상에 앉아 닳고 닳은 문제집을 붙잡으며 잡념을 떨치려 했다.

이모의 말처럼 통장은 단 한쪽으로 그쳐 있었다. 보증금과 잔여 등록금을 해결할 수 있는 정도의 액수였다. 은영은 한참 동안 엄마의 흔적을 바라보았다. 이전부터 독립을 계획했던 은영은 막상 수능을 치른 뒤 한참동안 불면증에 시달렸다. 잠이라도 든 날이면 어미 새가 날개 없는 어린 새를 둥지에서 미는 꿈을 꿨다. 어린 새는 하염없이 낙하했고 그대로 몸이 뒤집혀 땅바닥에 나뒹굴었다. 그러나 그날만큼은 은영은 어미 새가 어린 새의 목덜미를 물고 날아다니는 꿈을 꿨다.

*

"고객님, 혹시 무슨 일 있으십니까?"

은영의 정신을 깨운 건 승무원의 목소리였다. 한참이 지나도 화장실에서 나오지 않자 승무원이 직접 화장실 문을 두드렸다. 은영은 급히 매무새를 다듬고 문을 열었다. 한 승무원의 뒤엔 다른 승객이 조급한 표정으로 서 있었다. 짧게 죄송하다는 말을 남기며 자리로 돌아갔다. 노인은 그사이에 잠이 들었는지 배 위에 두 손을 얹은 채 조용히 눈을 감고 있었다. 창밖의 하늘은 벌써 어두워졌고, 들뜬 승객들의 웅성거림도 어느새 잦아들어 조용하기만 했다.

얼굴에 진 잔주름과 잔잔한 미소에서 노인의 안온함이 비쳤다. 거울 속을 아무리 들여다보아도 읽을 수 없었던 자신의 얼굴과는 달랐다. 은영은 문득 자신이 평화를 느낀 적이 언제인가 떠올렸다. 은영의 삶은 무던히도 고요했다. 그러나 결단코 평화라 칭할 수는 없었다. 그녀는 고집스럽게도 일률적인 생활을 고수했다. 하루 계획표에는 식사, 공부나 일, 그리고 취침이 전부였다. 애당초 삼십년지기에게 사기를 당했던 이모부를 보아서라도, 누군가와 인연을 맺는 행위는 낭비로 느껴졌다. 그녀는 자신의 규칙 속 어떠한 불순물도 용납하지 않았다. 종국에 맞이할 행복을 위해 정해진 자리에서 매 순간 자신의 모든 것을 녹여냈다. 불가항력의 가능성에서 최대한 벗어나는 것. 그것이 은영이 알고 있는 유일한 선택이었다.

그러니 모순적이게도 고독한 질주자의 삶은 고요함에 속했다. 하지만 은영은 하루아침에 달릴 자격을 박탈당해 버렸다. 할 수 있는 것은 아무것도 없었다. 애초에 무얼 해야 하는지, 할 수는 있을지도 미지수였다. 은영은 자신의 감정에 갈피를 잡지 못한 채 고뇌 속에서 허덕이고 있었다.

"어머!"

짜증 섞인 외마디 목소리가 조용한 비행기를 깨웠다. 은영은 가까스로 생각에서 벗어났다. 한 아주머니가 노랗게 얼룩진 블라우스를 툭툭 털며 잔뜩 표정을 구겼다. 그 밑에는 채 마시지 못한 주스와 컵이 바닥에 나동그라져 있었다. 이윽고 모든 시선이 자신을 향하자 아주머니는 얼굴을 붉히며 복도로 빠져나왔다. 모니터 속 비행기는 어느새 태평양 가운데를 지나고 있었다. 순간, 굉음이 들리고 비행기가 크게 흔들리며 노인과 은영의 컵이 바닥으로 떨어졌다. 동시에 균형을 잃은 아주머니가 그대로 바닥에 고꾸라졌다. 한 승무원이 다가가자마자 다시 한번 비행기가 왼쪽으로 쏠렸다. 승객들은 제각각 웅성거리며 혼란을 가중시켰고, 불안감이 스멀스멀 피어오르기 시작했다.

비행기는 멈추지 않고 더욱더 거세게 흔들렸다. 심상치 않은 움직임이었다. 승무원과 아주머니도 어느새 재빠르게 자리에 앉아 안전벨트를 매고 있었다. 거센 움직임을 이기지 못한 짐가방이 둔탁한 소리를 내며 바닥으로 곤두박질쳤다. 고요 속 갑작스러운 폭풍이었다. 어느 아이가 요란하게 울며 엄마를 찾기 시작했다. 이윽고 공포심이 전염병처럼 공기 중으로 퍼지기 시작했다. 신을 부르짖는 소리와 아이들의 여과 없는 울음소리 속에서 침착함을 유지하는 사람은 아무도 없었다. 그 누구도 예상하지 못한 전례 없는 난기류였다.

"승객 여러분, 지금 우리 비행기는 심한 난기류 사이에 있습니다. 난기류로 인한 기체 손상은 없으니 안심하십시오. 좌석벨트를 절대 풀지 마시고 아이들의 안전에 주의해주길 바랍니다."

비행기는 몇 초간 급강하했다 다시 빠르게 솟구쳤다. 은영 역시 겪어본 적 없는 상황에 좌석 손잡이를 꽉 잡고 긴장을 놓지 않았다. 노인이 소중히 안고 탄 파란색 비닐 봉투는 복도 사이에서 나뒹굴고 있었다. 이를 아는지 모르는지 노인은 소란 속에서도 초연히 눈을 감고 있었다. 배 위의 손이 노인의 숨에 의해 규칙적으로 움직이고 있었다.

"아가씨도 후회하나요?"

"네?"

"이 비행기 말이에요. 탄 걸 후회해요?"

자는 줄 알았던 노인이 별안간 은영에게 말을 건넸다. 소란에도 불구하고 노인의 목소리만큼은 선명하게 들렸다. 이윽고 눈을 뜬 노인이 바닥에 널브러진 파란 봉투를 천천히 들어 올려 안을 확인했다. 노인은 혼란스러운 상황에서 완벽하게 차분함을 유지하고 있었다. 마치 다른 공간에 와있는 것처럼 만연하게 퍼진 공포심에 전혀 동요하지 않았다. 경이로운 노인을 보며 은영은 한참 동안 말을 잇지 못했다.

"아가씨. 만약 지금이 인생의 마지막 순간이라면 어떨 것 같아요?"

"글쎄요… 억울하지 않을까요. 하고 싶은 게 있었던 사람이라면."

"그렇군요. 나는 말이죠. 한국에서 우리 아들을 보고 오는 길이

예요. 만약 오늘 내가 여기서 죽는다면 아마 아들을 영영 보지 못하겠죠."

노인의 얼굴에서 두려움의 흔적조차 찾아볼 수 없었다. 비행기는 여전히 요동치고 있었다. 그러나 노인이 자신의 이야기를 시작한 순간부터 은영은 마치 자신과 노인이 다른 공간에 와있는 것처럼 느껴졌다. 절규의 가까운 통곡이 점차 수그러지고 노인의 목소리만 귓가에 들리기 시작했다.

"한 달 전에 미국 캐나다 국경을 넘을 일이 있었어요. 그때 나이아가라 폭포도 방문했죠. 나이아가라를 본 적이 있나요?"

"아니요."

노인은 갑작스럽게 나이아가라 폭포 이야기를 꺼냈다. 나이아가라, 은영에게도 익숙한 이름이었다. 엄마가 병실에서 즐겨 봤던 세계여행 방송에 자주 나오던 곳이었다. 은영은 특히 절벽에서 거대한 폭포수가 하염없이 쏟아지던 모습에 넋을 놓곤 했다. 답답한 병실 생활을 몇 년째 이어오던 은영에게 나이아가라는 꿈의 장소였다. 걸핏하면 그 절벽에서 폭포수와 함께 떨어져보고 싶다고 말했다. 그런데도 엄마는 그저 웃기만 할 뿐, 다 나으면 꼭 가자는 흔한 약속 하나 해주지 않았다.

"나도 오래도록 미국에 살면서 단 한 번도 본 적이 없었어요. 사실 그럴 겨를이 없었죠. 그날 폭포의 난간을 따라 걸으면서 물보라가 잘게 부서지는 걸 구경했어요. 가만히 서서 그 모습만 하염없이 바라봤죠. 우리 아들도 함께 왔으면 좋았을 텐데… 하면서. 그때 전화가 왔어요. 아들에게서."

노인은 그렇게 말하고 주머니에서 조그만 사진 하나를 꺼냈다. 남자아이의 사진이었다. 주름진 손으로 사진을 매만지던 노인이 말을 이어 나갔다.

"… 사십 년 만의 연락이었죠, 아마."

사십 년. 자그마치 사십 년이라는 세월이 노인에게서 나오자 은영은 말문이 막혔다. 상상조차 할 수 없는 영겁의 시간이었다. 이제 노인의 얼굴이 다시 보이기 시작했다. 은영이 노인에게서 엿봤던 평화는 괴로움에서 비롯된 해탈이었음을 비로소 깨달았다.

"나는 내 욕심에 아이를 한국에 버리고 미국으로 건너왔어요. 그래요, 도망이죠. 혼자서 아이를 키우고 살아갈 자신이 없었거든요. 그래서 그 두 살배기 아이를… 매정히…"

노인은 잠시 말을 멈추고 숨을 골랐다. 여전히 크게 요동치는 비행기로 인해 노인도 기력을 조금 상실한 것 같았다.

"그래도 미국서 성공하면 다시 아이를 데려올 작정이었어요. 레스토랑이며 푸드 트럭이며 여러 곳을 전전하며 한인 식당을 차렸죠. 5년, 10년이 지나서 조금 안정되었지만…"

"찾지 못하셨군요."

"아니요. 나는 매정했지만, 또 아이를 사랑했답니다. 아이를 직접 키운 건 오 년이 채 안 되지만 나는 여실히 느꼈어요. 그래서 아이를 찾았을 땐… 이미 다른 가정에서 행복하게 자라고 있었죠. 내가 감히… 자격이 없다고 생각했어요. 성공하면 볼 수 있다고 생각한 건 정말 크나큰 착각이었어요. 아가씨, 나는 그 뒤로 아들을 찾지 않았어요.

그렇게 가슴에 응어리를 진 채 살다 죽을 줄 알았는데… 그날, 나이아가라 폭포 앞에서 몇 시간을 목놓아 울었죠.”

“… 만약 여기서 이대로 죽게 된다면 후회하시겠네요.”

잠자코 노인의 말을 듣던 은영이 먼저 말을 꺼냈다. 어린 아들의 사진을 쳐다보던 노인은 시선을 돌려 은영을 바라봤다. 노인은 설핏 웃더니 파란 봉투에서 무언가를 꺼냈다. 손때 묻은 일기장에 빼뚤빼뚤한 글씨로 이름 석 자가 쓰여 있었다. 그 밑에는 꽤 바래진 학교 생활기록부 몇 부가 있었다. 이윽고 노인은 아기가 입을 만한 푸른색 내복도 꺼냈다. 사진 속 남자아이가 입은 내복이었다.

“아들의 삶을 기록한 것들이에요. 내가 직접 보지 못한… 우리 아들이 직접 선물했죠. 호텔에서 꼬박 밤을 새워 이 모든 걸 다 읽었어요. 아가씨, 나는 이제 죽어도 여한이 없어요. 성공하면 모든 게 다 해결될 거라 생각했지만, 보세요. 나는 그 이후에도 오랫동안 앓아왔어요.”

노인은 지금껏 봐왔던 중 가장 환한 미소를 지었다. 그리고 일기장을 응시하던 은영의 손 위에 자신의 주름진 손을 포개어 올렸다.

“아가씨, 난 그 표정을 알아요.”

“…”

“간절하면서 공허함이 가득한… 무엇이 아가씨를 그리 만들었는지는 몰라도.”

노인은 은영에게 몸을 더 가까이 기울이며 말했다.

“나는 내가 원하는 게 돈인 줄로만 알았어요. 돈이 있어야 아들을 데려와 키울 수 있을 거라고 생각했죠. 실은 돈을 벌고 싶은 게 아니라 아들과 함께하고 싶었던 것인데… 나도 모르게 모순 속에 빠져 그 세월을 낭비했던 거예요."

은영의 혼란스러운 마음을 주체할 수 없었다. 당장이라도 머리 속에 침체된 응어리를 쏟아내고 싶었다. 이런 은영의 마음을 꿰뚫었는지, 노인은 차례를 기다리는 것처럼 더 이상 말을 잇지 않았다. 한참 동안 노인의 손을 바라보던 은영은 고개를 들어 눈을 맞췄다.

"저는 그저… 행복해지고 싶었어요."

은영이 간신히 뱉어낸 말이었다. 고통을 감내해야 얻어낼 수 있는 게 행복이라고 생각했다. 그렇지만 눈앞에 모든 것이 불투명해진 지금, 은영의 예정표에 그려진 모든 길은 사라지고 없었다. 이제 은영은 무엇을 해야만 자신이 행복해질 수 있는지 도무지 알 수 없었다.

"행복해질 거라 믿었어요. 그래서 매 순간 쉬지 않고 살았는데…"

"행복은 쟁취하는 건가요?"

노인의 질문에 은영은 선뜻 대답할 수 없었다.

"그런데 말이죠, 불행한 길을 걸어 얻은 성공을 과연 행복이라 할 수 있나요? 마침내 행복을 쟁취하면 그 후의 삶은 쭉 행복한 건가요? 행복을 위한 괴롭고 쓰라린 과정이란 건 없어요. 그건 그냥 삶의 일부일 뿐이에요. 그러니 행복을 성공의 증표로 여겨서는 안 돼요."

이윽고 노인의 손에 힘이 들어가기 시작했다. 거친 손바닥이 은영의 살갗에 스치며 노인의 온기가 뜨겁게 번져 왔다.

"아가씨, 행복은 삶에 스며드는 존재예요. 그래서 문득 떠올려야 마침내 알게 되지요. 행복은 얻어지는 게 아니에요. 행복하기 위해 살지 말아요. 아가씨를 위해 살아요."

"그건 어떻게..."

"언제 가장 행복했었죠?"

폭풍 한 가운데 고요함이 찾아왔다. 비행기는 여전히 덜컹거리며 난기류 속에서 방황하고 있었다. 저 멀리서 누군가의 먹먹한 기도문이 들려왔다. 맞은편 여자는 울다 지친 아이를 품에 안고 어깨를 쓰다듬고 있었다. 크고 작은 짐들도 여전히 바닥을 종횡하고 있었다. 거대한 공포의 공기를 흠뻑 머금은 비행기 속, 오롯이 이 둘만 서로를 응시하고 있었다.

*

그럼에도 난기류의 끝은 찾아왔다. 지독히도 흔들렸던 비행기는 어연 두 시간 정도가 지나자 안정을 찾아가고 있었다. 움직임이 멎어가자 승객들의 간절한 기대가 피어올랐다. 이윽고 난기류를 무사히 지났다는 안내에 승객들은 안도의 탄식을 내쉬었다. 분위기는 가라앉았다. 이전과는 다른 성질의 적막이었다. 지칠 대로 지쳐버린 이들이었기에 기꺼이 즐거워할 수 없었다.

노인과의 대화는 두루뭉술하게 끊기고 말았다. 은영은 제 이야기를 하는 데 재주가 없었다. 구태여 다가가지도 않았지만, 어떻게 운을 띄워야 하는지도 모르던 탓이었다. 그러나 은영의 마음속에 작은 소동이 벌어졌다. 노인의 말에 깃든 부드러운 힘이 은영의 확고한 신념을 두

드린 탓이었다.

문득 병원 생활의 기억이 스쳐 지나갔다. 어느 한번은 심부름이라는 걸 해보고 싶어 병원 지하의 편의점에 혼자 다녀오겠다 했다. 엄마는 위험하다며 말렸지만, 은영은 자신은 아파도 씩씩한 아이라며 졸랐고 끝내 허락받았다. 엄마는 한참 뒤에 편의점에서 간식을 사 온 은영을 빨갛게 충혈된 눈으로 반겼다. 그날 은영은 엄마의 아낌없는 칭찬과 맛있는 간식으로 최고의 하루를 보냈다. 은영은 아직도 그날을 잊을 수 없었다. 무엇이라도 다 잘 해낼 어른이 될 것만 같았다. 그랬다. 그건 분명히 행복이었다.

성적과 좋은 대학, 장학금, 그리고 좋은 직장. 오로지 은영의 힘으로 일궈낸 자랑스러운 훈장들이었다. 은영의 흔적은 사회에서 높은 가치로 쳐주는 것들이었고, 편의점에서 간식을 사 오는 것보다 훨씬 어렵고 대단한 것들이었다. 그러나 어서 다음 단계로 나아가기에만 급급했을 뿐, 확실히 은영은 행복을 느끼지 못했다.

이윽고 은영은 깨달았다. 행복은 미지의 세계에 숨겨진 희귀한 보석이 아니었다. 어쩌면 길가에 깔린 돌보다 사소하고 흔한 존재일지도 모른다.

"승객 여러분, 우리 비행기는 뉴어크 공항에 근접했습니다. 곧 착륙하오니 좌석 벨트를 착용하여 주시기를 바랍니다."

영원할 것만 같았던 난기류를 벗어난 비행기는 어느새 미국에 도착했다. 그리고 은영과 노인의 대화는 더 이상 이어지지 않았다. 승객들은 죄다 하얗게 질린 얼굴로 비행기에서 내렸다. 노인도 짐을 주섬주

섬 챙겨 나설 채비를 했다. 공항 내부로 들어가던 노인은 은영과 눈이 마주치자 살며시 웃으며 손을 흔들었다. 은영은 걸음을 멈췄다. 수많은 인파 속 자신을 바라보는 저 노인의 표정을 닮고 싶었다. 막연히 그런 생각이 들었다.

은영은 무언가 결심한 듯 자신의 짐을 바닥에 내팽개치고 노인에게 천천히 다가갔다. 그리고 노인에게 말했다.

"나이아가라 폭포에 가고 싶어요. 알려주시겠어요?"

이윽고 노인이 은영의 손을 어루만지며 답했다.

"여기서 버펄로 공항으로 가는 티켓을 끊어요. 버펄로 공항에 도착하면 나이아가라 폭포에 가는 버스를 탈 수 있을 거예요"

노인이 손가락으로 공항 전광판을 가리켰다.

"고맙습니다."

"조금씩, 자주 행복하세요. 마음으로 바랄게요."

"… 네, 정말 그럴게요."

한참을 은영의 손을 잡던 노인은 이내 어깨를 토닥이고는 뒤를 돌아 공항 밖으로 빠져나갔다. 은영은 한동안 그 자리에서 벗어날 수 없었다.

은영은 여독으로 업무에 지장이 갈까 항상 첫날을 비워 두는 편이었다. 오늘 역시 뉴어크 공항에 도착하면 바로 호텔로 향할 참이었다. 그러나 왠지 모르게 충동적으로 버팔로 공항 티켓을 끊어버렸다. 버팔로 공항에 도착한 은영은 나이아가라 폭포를 행선지로 둔 버스를 찾아 탑승했다. 이국적인 미국의 풍경이 창문으로 비쳤다. 긴 비행시간에도 불구하고 한숨도 자지 못한 은영은 아주 오랜만에 졸음을 느꼈다.

얼마 지나지 않아 버스는 나이아가라 폭포에 도착했다. 멀리서부터 위력적인 폭포 소리가 들려왔다. 이윽고 은영의 심장이 요동치기 시작했다. 그토록 보고 싶었던 나이아가라를 이제서야 눈에 담게 되었다. 즉흥적인 적이 없었던 은영은 마치 자신이 불량 학생이 된 것만 같았지만 그마저도 기묘하게 가슴이 떨렸다.

은영은 노인처럼 난간에 기대 미세한 물 부스러기를 온몸으로 느꼈다. 어디로 향하는지 모른 채 그저 공중에 몸을 맡기고 싶었던 어린아이는 자유롭게 낙하하는 물줄기가 마냥 부러웠다. 그럴 때마다 엄마는 물을 가득 채운 대야에 은영을 앉히고, 그 위에 양동이로 물을 끼얹어 줬었다. 나이아가라 폭포에 가자고 약속하지 않았지만, 대신 엄마는 작은 폭포를 만들어 주었다. 조그만 물줄기에 금세 기분이 좋아져 날아갈 듯 웃었던 은영은 이제 그 폭포를 직접 눈에 담고 있었다.

그렇게 한참을 서 있던 은영은 휴대폰을 꺼냈다.

"이모, 저 은영이예요 잘 지내셨어요? 다름이 아니라… 제가 좀 아프대요. 저 좀 도와주세요."

통화를 마친 은영은 거침없이 쏟아지는 폭포수의 사진을 여러 장 찍었다. 그리고 가장 근사하게 나온 사진 한 장을 골라 휴대폰 배경 화면으로 설정했다. 이윽고 은영은 미련 없이 뒤를 돌아 천천히 걸어 나갔다. 자욱한 물안개 사이로 하얀 새 두 마리가 비쳤다. 어디로 가는지 하늘 먼 곳으로 힘찬 날갯짓을 하며 순식간에 날아갔다.

-

보고, 듣고, 느끼는 모든 것이

박현영

박현영 과학적 사실의 공상을 더합니다

꾸준한 창작의 의미를 두는 사람입니다

눈을 떠보니 방은 어둡고 찬기는 몸을 훑었다. 달빛이 창을 통해 어렴풋이 스며들었다. 어쩌면 착각일지 모르지만, 요즘 인기척 때문에 며칠째 새벽마다 잠에서 깼다. 실체를 보지 못했기 때문에 단정 지을 수는 없지만, 미세한 떨림을 느낀다. 지금 또한 그렇다. 사람이 있음을 알 수 있게 하는 소리나 기색을 인기척이라 하는데 이 단어를 한 번 더 곱씹으니 지금의 느낌이 나의 감각들을 더욱 예민하게 한다. 침대에서 일어나 사방을 둘러봤다. 옆에서 엘르는 작은 손을 움켜쥐고 새근새근 소리를 내며 자고 있고 이부자리는 사방으로 흐트러져 있다. 머리맡에 무드등은 꺼져있고 그 아래 서랍장은 군데군데 열려있다. 난 미세한 떨림 이후 항상 조명을 약하게 틀어놓고 잠에 든다. 아직 30개월 밖에 안된 엘르가 서랍장을 열고 놀다가 다시 잠들었다기엔, 안에 잡동사니들이 너무나 말끔히 정돈되어 있다. 곤두서진 신경은 감각을 일깨웠다. 째깍대던 벽시계가 쿵쿵 거리고 눈앞에 상은 명확해졌다. 입안의 침이 고일 정도로 삼키는 행위가 조심스러운데, 안에서는 눈치 없이 심장이 속도를 낸다. 그때 어디선가 퀴퀴한 냄새가 밀려왔다. 미약

하지만 침실에서 일어난 냄새가 아니란 걸 알 수 있었다. 그리고 점점 뚜렷해졌다. 나는 천천히 아래층으로 내려갔다. 발을 내디딜 때마다 단단하고 건조한 감촉이 닿았다. 계단을 내려갈수록 미간이 뻐근할 정도였다. 마침내 도착한 1층은 앞이 보이지 않고 스산했다. 팔을 뻗어 거리를 가늠하고, 더듬거리며 한발 한발 내디뎠다. 자세를 낮추고 코를 찌르는 근원지로 다가갔다. 주방 쪽이라 예상했지만 가까워질수록 현관 쪽에서 흘러나오고 있었다. 동공이 어둠에 익숙해져 시야가 조금 트였다. 손잡이 빠진 신발장과 니스 칠이 벗겨진 목재 바닥 모두 평소와 같았다. 그 순간 냄새가 없어졌다.

고개를 들고 숨을 깊게 들이마셨지만 마찬가지였다. 미간의 통증이 풀리며 고개가 옆으로 기울었다. 후욱 하는 소리와 함께 통창을 가려 놓은 커튼이 바람에 나부꼈다. 기운 고개를 돌려 그곳을 응시했다. 조금 전까지는 잠잠했던 이곳에서 갑자기 바람이 드나들었다. '문이 열려있고, 바람이 들어와, 커튼을 흔든다'

'쿵쿵쿵쿵!'

상황을 인식하자마자 나는 빠르게 계단을 뛰어 올라갔다. 머릿속엔 엘르만이 가득했다. 2층에 도착한 난 분명 열어 두었던 방문을 다시 한번 열었다. 그곳엔 머리를 헝클어뜨린 무언가가 몸을 웅크리고 숨을 헐떡이고 있었다. 나는 침대를 밟고 뛰어올라 아이를 낚아챘다. 한 손으로는 머리를 다른 한 손으로는 엉덩이를 강하게 움켜쥐고 벽에 등을 붙인 채 그대로 일어섰다. 사람이다. 내가 인식하는 것은, 쾨쾨한 냄새를 풍기며 몸을 웅크린 이것은 분명 사람이다.

"다... 당신 누구야!"

"..."

그 사람은 흐느낌에 가까운 헐떡임을 멈추지 않았다. 들썩거리기만 할 뿐, 대답하지 않았다. 다리가 떨렸지만, 엘르를 쥔 손은 더욱 단단해졌다. 나는 재빨리 침대 위에서 문 쪽으로 뛰어올라 그 사람과의 거리를 넓혔다. 이어서 바닥을 박차고 다음 발을 내디뎠지만, 움츠러든 상태에서 급히 힘을 준 몸은 머릿속 움직임을 따라가지 못하고 앞으로 고꾸라졌다. 반사적으로 아이를 몸 안으로 감싸 바닥에 팔꿈치가 쓸렸다. 고통은 느껴지지 않았다. 급하게 뒤를 돌아봤고 같은 위치에 있는 형체는 더욱 선명하게 눈에 들어왔다. 발끝에서부터 전해져 오는 이 전기적 신호는 나의 신체와 뇌의 신경이 이어져 있다는 걸 여실히 느끼게 해줬다. 순간 나는 그 신호를 의심했다.

그곳엔 내가 있었다.

가장 긴장되고 급박했던 그 자리에, 사람의 형태를 한 무언가는 '나'였다.

일을 끝내자마자 서둘러 핸드폰을 확인했다. 그에게서 부재중 전화가 와있었다.

"내일 뵐게요."

인사를 마치고 빠르게 엘리베이터 앞으로 달려갔다. 화면에 뜬 층수를 보고 발을 동동 굴렀다.

기다리는 동안 그의 문자를 확인했다.

'서두르지 말고 천천히 내려와'

매번 약속에 늦는 나를 이해해 주는 그의 배려에 옅은 미소가 지어졌다. 조금이라도 빨리 그가 보고 싶어졌다. 나는 구두를 손에 쥐고 계단을 뛰어 내려갔다. 세차게 쏟아지는 비 너머로 차량이 비상등을 깜빡이고 있었다. 가방으로 머리 위를 가리고 달려가 차에 탑승했다. 평소 편한 옷차림에 그는 오랜만에 말끔한 흰 셔츠를 입고 머리도 단정했다. 결혼기념일 때마다 내가 가장 좋아하는 모습을 해준다.

"오 깔끔한데."

그가 쑥스러운 듯 웃으며 내 볼을 살짝 꼬집었다.

"조심히 내려왔어? 또 계단으로 뛰어온 거 아니지?"

나는 그를 쳐다보고 장난스레 웃으며 보란 듯이 숨을 헐떡였다. 그는 그럴 줄 알았다는 듯 가벼운 코웃음을 쳤다. 목적지로 가는 내내 자상한 그의 말과 설레는 기분에 나도 모르게 두근거렸다. 이후 도심의 아름다운 야경이 보이는 호텔 레스토랑에 도착했다. 능숙하게 주문을 하고 이곳 분위기에 맞추려는 그가 귀여웠다. 중요한 일을 할 때나 익숙하지 않은 곳을 갈 때 그는 관련된 걸 미리 찾아본다. 며칠 전부터 밤마다 노트북으로 무언가를 정리하던데, 지금 이 능숙함을 보니 오늘, 이곳을 준비했나 보다. 우리는 평소처럼 일상을 이야기하며 끊임없이 대화를 이어갔다.

"내 논문 발표하려고."

순간 그의 말에 입속으로 기울이던 와인잔을 멈췄다.

"정말...? 결정한 거야?"

"응 우리 것이잖아."

정면으로 나를 응시한 그의 눈동자엔 떨림이 없었고 확신에 찬 음성은 그의 말을 더욱 상기시켰다. 그동안 우리가 얼마나 사투를 벌였는지, 이 말을 하기까지 그가 얼마나 고심했는지 나는 안다

"내겐 기념일 선물 같은 말이야."

"오늘을 염두에 뒀어."

잔잔한 음악이 흐르고 옅은 조명이 비치는 둘만의 테이블, 비를 맞으며 반짝이는 도심, 다정하게 나를 바라보며 이야기에 집중하는 그의 모습까지, 모든 게 완벽했다.

우리는 둘만의 분위기를 이어가려 자리에서 일어났다. 각자 와인 몇 잔씩을 마셨기에 대리기사님을 불렀다. 기다리는 사이 편의점에 들려 마실 것을 사고 간단한 안주도 몇 개 집었다. 세차게 내리는 비는 좀처럼 그치지 않았다. 우리는 차 뒷좌석에 같이 타 서로를 바라보며 대화를 이어갔다.

"그동안 외면해서 미안해. 결국 이렇게 될걸, 그동안 내가 너무 불안해했던 것 같아."

"아니 넌 최선을 다했어. 쉽지 않은 기다림이었어."

그는 살포시 내 손을 잡아주었다. 미안함과 자책감에 고개를 들기 어려웠다. 지금까지 내 행동이 모두 이해받는 기분이었지만, 한편으론 후회스러운 마음에 얼굴이 붉어졌다. 그는 나의 감정적인 행동에도 언제나 이해해 주고 모진 비판에도 묵묵히 견디며 자신의 길을 걸어가는 사람이다. 그는 그런 사람이다.

올해 열 번째 기념일을 맞은 우리는 같은 대학교 물리학과 학생으로 처음 만났다. 석사 과정만을 마치고 응집물질물리학 전공을 살려 적당한 반도체 기업에 취직해 나름 만족하며 살고 있는 나와 달리, 그는 현재 박사 과정을 밟으며 그때나 지금이나 이 세상을 끊임없이 탐구하고 직접 느껴 보고 싶어 한다. 홀로 다니며 자신만의 세상을 그리던, 너드미 강력했던 대학 시절 그의 모습은 아직도 잊히지 않는다. 복잡한 현대물리학 관점에서 분할된 이론물리학자와 실험물리학자 두 모습을 모두 갖고 있는 그는 항상 자신이 이해한 이론과 현상을 직접 체험하고 싶어 했다. 나처럼 산업적 응용력이 커 취업도 비교적 쉽고 실생활에서도 관찰되고 적용할 수 있는 분야와는 달리, 그는 입자 물리학 전공으로 기본 입자 단위에서 벌어지는 미시세계를 탐구하고 체험해 보려 했다. 나도 처음엔 우리의 직관이 닿을 수 없는 그곳에서 벌어지는 일들을 체험 한다는 게 무슨 말도 안 되는 소리인가 싶었다. 하지만 내가 그와 사랑을 키울 때 마다 그는 우리가 느끼는 감정을 본인만의 언어로 이야기했다. 철저히 물리학자 시선에서 하는 말들은 그나마 내가 말이 통해서였을까? 언제나 로맨틱하게 다가왔다. 대학생 시절 그의 고백은 뜻밖이었다.

회색 후드티에 와이드한 청바지, 코에 걸친 안경, 기름진 머리를 쓸어넘기고 매일 같은 자리에서 중얼대며 책을 읽는 그에게 나는 호기심이 많았다. 수업 때도 한 번의 흐트러짐 없이 강의에 집중하는 그였지만 가끔 교수님들의 시시한 농담에도 잘 웃는 걸 보고 그렇게 딱딱한 사람은 아닐 것 같단 생각이 들었다. 왠지 모르게 그에게 자꾸 눈길이 갔다. 난 나름 계획적이었다. 언제나 강당 왼쪽 구석 자리에 앉는 그의 옆자리를 맡는 건 어려운 일이 아니었고 그와 같은 수업을 듣는 날이면 언제나 그 자리에 앉았다. 자주 덤벙거리는 난 자리에 갈 때마다 책상에 허벅지를 찧는다던가 그 위에 책들을 엎는가 하며 칠칠맞은 걸 숨기지 못하고 민망한 장면을 자주 연출했다. 그런 날 신경 쓰지 않는 듯 그는 언제나 앞만 바라보고 수업에만 집중하며 같은 표정, 같은 웃음을 지었다. 하루는 밤샘 과제 준비로 수업에 늦었는데, 강당에 도착해 보니 매일 앉던 내 자리에 가방이 놓여 있었다. 최대한 그쪽 근처라도 앉으려 쭈뼛 쭈뼛 다가가는데, 그가 내 자리에 놓여있던 가방을 본인한테로 가져갔다. 나는 영문 모를 화끈함을 느꼈다. 수업이 끝난 후 난 그에게 고마움을 표시했다.

"양보해 줘서 고마워 다른 사람 자리 맡아 놓은 거 아니었어?"

내심 대화를 오래 이어가고 싶었다.

"너 기다리고 있었어."

딱딱한 어조였지만 그의 눈은 나를 바라보고 있었다. 그 순간 조금 전 느낀 화끈함의 영문이 풀렸다. 그날 이후 난 그에게 더욱 용기를 냈고 서로 다른 매력에 끌린 우리는 관심사가 잘 맞아 급속도로 가까워졌다. 우리는 서로에게 소중한 사람이 됐다. 그와의 연애는 딱딱할 것 같았지만 매일이 환상이었다. 우린 많은 걸 공유하며 서로의 생각을 분산했다. 그는 내게, 나는 그에게, 이론과 현실 사이, 가설과 정설 사이 각자의 공상을 나누며 상상의 나래를 펼쳤다. 가끔 던지는 그의 문학적 고백에 나는 언제나 설레었고, 이 세계는 사랑하는 사람들만의 것이란 걸 느꼈다. 우리는 학교 근처에 밤하늘이 보이는 옥탑방을 구했고 그곳에서 둘만의 세상을 구축했다. 가설과 검증을 통해 이론을 증명하듯, 둘만의 방식으로 서로를 알아갔다. 시간이 흐를수록 그는 나의 일부가 되었고 나 또한 그의 일부가 되었다. 우리는 함께 있을 때 더욱 완전했다.

내게 '만물의 이론'은 '사랑'이었다.

유난히 별이 반짝이던 어느 날 그는 나를 힘껏 안아줬다. 나는 가장자리에서 그를 품었고 그는 우리의 중심을 잡았다. 땀이 흐르고 어수룩한 몸짓은 세심한 배려로 돌아왔다. 침대 머리맡에 내 머리가 닿을 때마다 그는 한 손으로는 내 머리를 감싸주었고, 다른 손으로는 내 손을 잡아주었다. 그는 나를 안내했고 나는 그를 따랐다. 세상이 진동하고 물질이 공명하듯, 이 순간의 떨림은 우리의 몸과 마음을 울렸다. 오롯이 서로에게 집중했고, 세포 하나하나가 자유로운 상태로 존재했다. 나는 그 감정을 처음 느껴 보았다. 시간이 실재하지 않던 그날 우리는 창밖에 보이는 우주를 배경 삼아 하나가 되었다.

'아주 조그마한 입자로 이루어진 우주는 너무 광활해서 대부분 텅 비어있어. 그래서 어떤 의도나 의미가 없어 보여. 똑같은 입자의 배열로 만들어진 내 신체는, 사랑하는 감정은 어떻게 작동하는지조차 아직 알 수 없어. 나는 이 해답을 너에게서 찾겠어.'

이런 글을 한 장의 종이에 옮겨 문 앞에 걸어둔 건 그만이 할 수 있는 프러포즈다.

우리는 그 해답을 찾기 위해 나아갔고 나는 그렇게 그와 결혼했다.

그 후 나는 지금의 위치에 자리했지만, 그는 더욱더 깊숙이 들어갔다. 거시세계와 미시세계를 통합하려는 그의 노력은 진보적이다 못해 급진적이었다. 나는 그를 존중하고 응원했으며 우리의 사랑은 변하지 않았다. 그럴수록 그는 무언가를 발견한 듯 더욱 연구에 몰두했다. 하지만 준비하는 논문의 양과 내용은 길어졌으며 어떤 뚜렷한 답은 나오지 않았다. 시간이 길어질수록 난 아이러니하게도

'우리의 이론'이 담긴 그의 가설을 의심했다. 아니 어쩌면 그를 믿었지만 루트비히 볼츠만의 아내처럼 되고 싶지 않았던 것 같다. (루트비히 볼츠만은 엔트로피 증가와 감소를 통계역학적으로 정립해 과거와 미래의 개념을 혁신적으로 바꾼 물리학자였다. 거시적 현상과 미시적 현상을 연결하는 이론적 토대를 마련한 그는 당시에는 급진적인 주장을 해 학계에 혹독한 비판을 받고 조울증에 빠져 스스로 생을 마감했다. 루트비히 볼츠만의 아내는 그를 '다정하고 사랑스러운 나의 아기 돼지'라고 불렀다.) 나의 안정적인 바램과 그의 급진적인 이론은 우리를 심연으로 이끌었다. 결혼에 대한, 미래에 대한 의견 차이는 좁혀지지 않았고 각자의 주장만을 내세운 채 서로의 마음을 갉아먹었다.

그리고 현재 우리는 차 안에서 서로를 바라보고 있다. 그는 그동안의 연구를 내게 쏟아냈다. 이야기는 끝도 없이 이어졌고, 점점 고조될수록 현재의 배경은 없어졌다. 그의 기분과 상태들이 느껴졌다. 나

는 이 깊은 기운에 세상이 조금 전과 다르게 보였다. 흥미로운 그의 말에 우리가 상상하던 것들이 실제화되고 있었다. 그의 사랑을 할 때면 항상 이랬다. 고단한 현실은 와르르 무너지고, 동시에 내가 보고 있는 것은 물결처럼 요동친다. 살바도르 달리는 기억의 지속을 그릴 때 내가 느끼고 있는 것을 본 게 분명하다. 우리는 지금 우리가 선택한 모습과 느낌으로 이루어져 있고, 불연속적이고 불확실한 이곳에서 둘만의 '사건'을 기억한다.

그의 말이 끝났다. 차량 시트에는 불빛이 비쳤다. 그는 처음 보는 급박한 표정으로 나를 끌어안았고, 굉음과 함께 거대한 빛이 우리를 덮쳤다.

눈을 떠보니 하얀 천장과 벽지가 보였다. 코와 팔에는 긴 관이 꽂혀 있고, 몸 곳곳에는 붕대가 감겨 있었다. 머리가 깨질 듯 아픈 걸 보니 한참 만에 의식이 차려진 듯하다. 사복을 입건, 흰 가운을 입건 나를 가엾이 여기는 이들은 내게 반복적으로 지난 일을 설명해 주었다. 그날 빗속을 헤치며 마주 오던 트럭은 중앙선을 넘어 우리에게로 미끄러졌다. 두 차량 모두 서로 반대 방향으로 핸들을 틀었지만 트럭은 우리 차량에 후미를 그대로 들이받았다. 운전자와 보조석 뒤쪽에 있던 나는 살 수 있었지만, 그는 그렇지 못했다. 후엔 빠르게 지나갔다.

나는 흰옷을 검은 옷으로 바꿔 입었다.

성치 않은 몸으로 장례를 치르는 동안 나는 몇 번이고 쓰러졌다. 현실을 받아들일 수 없었다. 계속해서 되짚어 봐도 머리로 이해할 수 없었다. 그날 나를 분산했던 기억의 일부가 지워졌고, 존재의 의미를 잃었다. 가족과 친구들이 과정을 마무리해주어 3일을 넘길 수 있었다. 그냥 의식이 차려진 날 나는 그의 방을 정리하러 집으로 돌아왔다.

　고요하다. 마치 우리가 어제도 온 것처럼 이곳은 평온하다. 나는 이리저리 둘러보며 그의 방에 들어섰다. 옅지만 익숙한 그의 향기를 느꼈다. 정면에 보이는 방정식과 수식이 빼곡히 적혀있는 대형판, 쌓여 있는 문서들, 널브러져 있는 옷가지 모두 나를 자극했다. 몸 곳곳에 감각들이 그의 기억을 발현시켰다. 남겨진 흔적들이 이미 지나온 감정을 몰아세웠다. 그리고 그가 없다는 걸 자각하자마자 나는 숨을 헐떡이며 소리 내어 울었다. 쉴 새 없이 떨어지는 눈물로 이곳을 닦았다, 후회를 곱씹으며 정리를 이어가던 중 문득, 문서들이 눈에 들어왔다. 그가 말한 논문이란 걸 알 수 있었다. 나는 흐려진 시야를 선명히 하고 안에 내용을 읽었다. 익숙한 문장들이었다. 그가 내게 주장했던 수많은 말들이 적혀있었다. '시간과 공간은 불연속적이다.', '모든 것은 확률로 존재한다.' 직관적이지 않은 내용이었지만 이해할 수 있었다. 그건 우리의 이야기로 이루어져 있었다. 나는 점점 깊숙이 빠져들었다. 그의 유품 정리는 아직 절반도 채 안 되었지만, 논문을 읽다 보며 이미 경험한 것 같은 이상한 감정을 느꼈다. 그때 현관문 번호를 누르는 소리가 들려왔다.

　'삑.삑.삑.삑.'

　방 밖으로 나온 나는 그 자리에 얼어붙었다. 그가 들어왔다. 그는 심란한 표정으로 내게 걸어왔다. 그리고 나를 통과해 지나갔다. 방 안으로 들어간 그는 의자에 앉아 두 손으로 자신의 머리를 감쌌다. 그리고 나를 인식하지 못하는 듯 한숨만 내쉬었다. 상황이 이해되지 않았지만 그의 얼굴을 대면한 나는 멍하니 지켜볼 수밖에 없었다. 그리고 주변을 둘러보니 식탁에는 음식이 놓여 있었고, 처음 들어올 때 보았던 가구 위치가 바뀌어 있었다.

몇 분을 더 바라보고 있다 정신을 차렸다. 목이 늘어난 티에 정돈되지 않은 머리칼, 탁한 눈동자와 푸석한 피부. 평소에 그였다. 당장 그를 안아주고 싶었다. 가까이 다가가 그의 얼굴에 손을 가져다 댔지만, 역시나 내 손은 그를 지나쳤다. 조금 전 상황은 착각이 아니었다. 내 의도와는 상관없이 떨어지는 눈물을 주체할 수 없었다. 나는 허공을 매만지며 그의 곁을 쓰다듬었다.

시계가 움직이는 동안 그만 바라봤다. 그는 화장실이나 식사를 할 때 빼고는 방 안에서 나오지 않았다. 그는 종일 어딘가 불만족스러운 표정을 짓고 있었다. 얼마나 지났을까.

'삑. 삑. 삑. 삑.' 또 누군가 번호를 눌렀다. 다가가 보니 이번엔 몇 년 전 헤어스타일과 구두를 신은 내가 들어왔다. 그녀는 얼빠진 표정의 자신을 인식하지 못하고 그와 같이 나를 통과해 지나갔다. 나는 적응되지 않은 감정을 애써 억누르며 또 한 번 그녀에게 다가가 손을 뻗었다. 예상한 대로였다. 어딘가 다른 점은 그녀는 그와 달리 미묘한 눈빛으로 계속 주변을 살폈다. 난 그게 원래의 내 모습이라 생각했다. 그가 오늘 하루 중 가장 밝은 얼굴로 방에서 나와 그녀를 마중했다.

"오늘 힘들었어?"

"응"

"많이 지쳐 보이네."

"…"

"있잖아, 이번에는 발견할 수 있을 것 같아. 닫혀있는 곡선들 말이지. 방정식으로 풀어보면 여러 개가 겹쳐있는 모양이야. 10의 -33승 미만의 플랑크 규모에서는…"

"결국 돌고 돈다고?"

"그거야. 닫혀 있는 곡선들 즉, '고리' 자체가 시간과 공간이야. 그 안에서 우린 살아가고, 셀 수 없이 많은 고리들이 얽혀있는 걸 발견했어. 그 안에서 서로 상호 작용하지. 무수히 많은 시간과 공간이 관계를 이룬다. 그걸 우리가 느낄 수만 있다면…"

"그래서…?"

"응?"

"그래서 어떻게 될 건데? 느낄 수 있으면 뭐가 달라지는데?"

"분명 우리가 직접 경험해 본 적이 있어. 확신해. 간혹 시간이 얼마나 흘렀는지 인식하지 못할 때, 이곳이 어딘지 구별하지 못할 때 어떤 공통적인 상황에 놓여있지 않았을까."

"당신이 알려주는 세상을 모르겠어. 경험해 보고 싶지도 않고. 상상이나 가? 그 작은 세상에서 이루어지는 말도 안 되는 일들이?"

"말이 안돼 보이지만 거짓이 아닌 실제 우리가 살아가는 세상이야. 결과가 말해주고 있어."

그녀는 무심히 우편물들을 그의 앞에 던졌다.

"아니 이게 실제 우리가 사는 세상이야"

여러 장의 우편물이 내동댕이 쳐졌다. 그와 나는 그녀가 말하지 않아도 그것들이 여러 독촉장이란 걸 기억으로 알고 있었다. 그녀는 외면하며 밖을 나갔고, 그는 고개를 떨구었다. 내 뇌는 회고를 거부하며 모든 장면을 느끼고 있었다. 그에게 답답함만을 느꼈던 그날의 기억은 현재 너무나 생생히 눈앞에 상영되어 왜곡할 수 없었다. 그녀는 그를 존중하지 않았고 그는 상처를 받았다. 잔인할 정도로 그에게 모질게 굴었던 일들이 머릿속에 떠올랐지만 애써 회피했다. 그는 방문을 닫고 들어갔다. 나는 눈을 감고 생각을 곱씹었다. 그리고 그가 있는 곳으로 갔다. 방문이 열리자 그가 나를 쳐다봤다. 나는 흠칫 놀라 문을 더 열지 못했다. 좁은 문틈 사이로 그가 빤히 나를 쳐다보고 있었다. 하지만 이내 다시 고개를 떨구고 자신의 할 일을 했다. 내겐 아직 이 상황이 익숙하지 않았다. 사실 이해조차 되지 않았지만 그들이 나를 못 보는 걸 어찌할 수는 없었다. 그의 얼굴을 바라볼 수 있는 것만으로 감사한 나는 문 앞에 서서 그와 함께 밤을 지새웠다.

시끄럽게 떠드는 소리에 정신이 들었다. 나는 엎드린 채 잠에 든 모양이었다. 가구 위치는 또 바뀌어 있었고, 부엌에선 그와 내가 큰 소리를 내며 싸우고 있었다.

"실험 보조를 그만뒀다고?"

"이번 달까지였어."

"어쩌려고 그래? 혼자만 생각해?"

"아니야. 나는 최선을 다하고 있어."

"정말 그렇게 생각해? 너의 그 모습 더는 보기 힘들어. 앞으로 아이 계획은 있어?"

"일방적인 생각이 아니야. 같이 차차 의논해 나가자. 우리 세상은 아직 밝고 뜻대로 돌아가고 있어"

"이미 내 신뢰는 무너졌어"

"우리 서로 노력하고 있는 거 알아. 우리가 그것을 느낀다면 서로를 이해하고 배려할 거야. 그것은 우리 안에 있어. 너무 걱정하지마. 조급해 하지 않아도 돼. 그냥 처음 느낌처럼 서로를 대해주면 돼."

"그럼 그게 도대체 뭐야."

"시간과 공간은 존재하지 않아. 우리의 직관이 느낄 수 없기에 그런 개념을 만들어 낸 거야. 현재는 '사건'만이 존재하고, 우린 그 사건 안에 있을 뿐이야. 너와 내가 서로를 어떻게 인식하고 기억하냐에 따라 우리의 순간들은 달라져"

그제서야 그녀의 기억이 나에게 떠올랐다.

학사 과정만을 마치고 결실을 맺은 우린 이른 나이에 가정을 꾸렸다. 양가 부모님께서 마련해 주신 작지만 소중한 돈으로 옥탑방 보다 안정되고 넓은 전셋집을 구했고, 그동안에 둘만의 경험을 바탕으로 행복한 결혼 생활을 꿈꿨다. 매일 하늘을 바라볼 순 없지만 미래를 바라보며 희망을 키워갈 수 있을 것 같았다.

하지만 결혼은 현실이었다. 우리는 점점 변해갔고 모든 일에 다퉜다. 서로에게 이해만을 강요했고 받아주기만을 바랐다. 본인만 노력하고 본인만 힘들었다. 자리를 잡은 나와 달리 그는 방황했다. 처음에 그것은 문제가 되지 않았지만, 양가 부모님께서 마련해 준 전세금을 어린 몽상가들은 지킬 수 없었고, 악하고 비정한 그들은 자신이 현실을 살고 있다 말했다. 가계는 내 몫이었고, 서로에게 지쳐갔다. 생활지는 중심지에서 외곽으로 밀려났다. 결국 이곳저곳 돌아다니며 안정된 마음을 느끼지 못했다. 나는 그가 이해되지 않았고 응원하지 않았다. 그는 현실적이지 못했고 우유부단했다. 결론 내리지 못했고, 책임감이 없었다. 그 때문에 웃을 일은 줄었고, 내가 망가지는 것 같았다. 아이에 대한 배려나 미래 계획도 없었다. 그는 내 불안을 키웠다.

이제야 그녀가 잘못됐음을, 나만의 이기적인 기억이 잘못됐음을 느꼈다.

나는 그의 눈을 쳐다보지 않았고, 어떤 것도 베풀지 않았으며, 한 번도 존중하지 않았다. 그에게 내 기분만을 강요하며, 내 세상에만 살았다.

나는 그의 논문을 읽으며 깨달았다.

나를 자책하게 하는 사건은 계속됐다. 그녀는 그에게 매일 무관심했다. 그를 원망했으며 상처를 덧씌웠다. 반대로 그는 이론을 그녀에게 증명했다. 계속해서 그녀를 이해시켰고 노력했다. 심지어 같은 사건이 반복해서 보일 때도 있었다. 그럴 때면 나는 눈을 감고, 귀를 막고 소리를 질렀다. 그들의 눈과 귀에 닿지 않았지만, 다른 사건이 나오길 버텼다. 내가 겪는 것은 단지, 흘러가지 않았다. 그저 이곳에서 저

곳, 저곳에서 이곳으로 불확정적으로 일어날 뿐이었다. 그의 이론이
옳았다. 나는 느끼고 있고 경험하고 있었다. 느끼기 전에 나는 이것을
과거와 미래를 왔다 갔다 한다고 말했을 것이다. 한 가지 의문이 들었
다. 논문을 읽은 후에 사건은 경험하지 않는다는 것. 이미 내가 지나
온, 경험한 사건 안에서 불특정하게 또다시 경험하는 것이다. 3년 전
에서 2년 전 경험으로, 다시 5년 전 경험으로 그러다 1년 전 경험으로.
어떤 다른 고리 즉, 다른 시공간과 상호작용하지 않으면 계속해서 같
은 경험을 반복할 뿐인 건가?

　하루하루 반복되는 고통스러운 경험들에 나는 괴로울 수밖에 없었
다. 그렇게 죄책감에 괴로워하며 연속적인 시간을 보낸 나는 피폐해져
있었다. 거울을 보니 헝클어진 머리와 꾀죄죄한 차림을 하고 있었다.
이런 행색이라면 본인도 본인에게 심한 냄새가 난 다는 걸 느낄 수 있
었다. 얼마나 많은 경험을 했는지 짐작할 수 있는 모양새였다. 그 수없
이 반복된 경험을 통해 이제야 진정 알 수 있었다.

　두 손에 쥔 그의 논문을 보며 눈물이 나왔다. 그는 자신의 모든 이론
을 겨우 이 몇 장의 종이에 담아 냈다는 것을, 그리고 내게 매일 말해
왔단 것을. 이미 나는 그가 말한 것처럼 처음에 알고 있었다. 이것은
우리의 이론을 적어 놓은 것 일뿐이었다.

　그가 말한 '모든 것의 이론'은 '사랑'이었다.

　그날 밤 나는 옥탑방에 함께 누워있는 그와 그녀를 보았다.
　다정하면서 어딘가 자신감 있는 말투로 그는 그녀에게 미래를 건

넸다.

"우리에게 아이가 생기면 이름은 엘르야."

"왜 그 이름이야?"

"E.L.L.E 회문 이름이야. 우리 세상과 닮았거든."

"좋아. 꼭 잊지 마"

그녀는 진심으로 웃어 보이며 그의 말을 귀여워했다. 나는 그때의 소중한 감정이 기억났다.

그리고 나는 또 한 번 배경이 바뀐 이곳을 둘러본다. 날은 어두웠지만 달빛이 이곳을 밝혀준다. 넉넉하고 큰 집에 마당이 있다. 이곳이 우리의 미래라는 것을 알았다. 날은 이제 이곳에서 더는 다른 사건을 경험하지 못할 거란 걸 직감한다. 나는 현재의 존재하고 있다. 마당을 거닐며 그동안의 경험을 상기시켰다. 깊은 눈물이 나오며 이곳을 정처 없이 거닐었다. 통창을 열고 거실로 들어섰다. 안은 낡은 목재 바닥이지만 넓고 쾌적하다. 현관으로 가보니 2층이 보였다. 위층으로 걸음을 옮겼고 이곳엔 방이 하나 보였다. 문을 열고 들어가 보니 사랑스러운 아기가 자고 있었다. 그와 내가 말한 그 아이다. 이 작은 손을 보니 나는 지난 감정이 북 받쳐 올라왔다. 나는 그 자리에 주저앉아 울고 말았다.

그 순간 낯 익은 목소리가 들려왔다.

"다…당신 누구야?"

내가 나를 받아들이기까지

최형선

최형선　1993년 서울에서 태어났다. 어렸을 때부터 인정 욕구가 많아 항상 반에서 회장을 도맡아 했다. 고등학교 때까지는 부모님의 지도하에 열심히 공부해 경희대학교 지리학과에 입학했지만 성적에 맞춰 입학한 탓에 적성에 맞지 않아 대학 생활 내내 오랜 방황을 했다. 자신의 불투명한 미래에 대해 불안함을 견디지 못해 정신과를 내원해 우울증과 불안장애를 진단받고 현재 약물치료와 상담치료를 병행하고 있다.

주연도 조연도 아닌 엑스트라

초등학교에 들어가기 직전 엄마와 문구점에 들어가 수저통을 하나 골랐다. 분홍색 헝겊에 토끼가 수놓아져 있었는데 너무 맘에 들어서 품에 꼭 안고 집에 간 기억이 있다. 집으로 돌아와 엄마는 거기에 '멋진 형선이 꺼'라고 자수를 손수 넣어줬다. 학기가 시작되고 급식 시간마다 그 수저통에 적혀 있는 '멋진'이라는 글씨를 볼 때면 가슴이 뻐근해지고 허리를 꼿꼿하게 펴게 되었다. 나는 엄마가 수놓아준 대로 멋진 사람이 되고 싶어 노력했다. 선생님이 글씨를 바르고 예쁘게 쓰라고 하면 손이 둔해 자꾸 삐뚤어지는 글씨가 미워 쉬는 시간마다 연습장에 한 획, 한 획 공들여 쓰는 연습을 했다. 시험에서 백 점을 맞기 위해 학교가 끝나면 곧장 학원에 갔고 따로 학습지도 했다. 글씨가 예쁘다고 상장을 받고 모든 과목에서 백 점을 받고 나면 집에 너무 가고 싶어서 수업이 끝날 때마다 몇 교시가 더 남았나 세어봤다. 그렇게 잔뜩 부푼 기대는 종례 인사를 나누자마자 집으로 달려가게 만들었다. 상장이나 성적표를 자랑스럽게 부모님께 내민 뒤 나오는 반응은 내 예상보다 더 크게 돌아왔다. 박수가 쏟아졌고 엄마는 나를 안아줬으며 아빠는 뿌듯한 표정으로 성적표 내지는 상장과 나를 번갈아 보았다. 집은 나의 무대와도 같았다. 부모님은 늘 나의 가장 큰 팬이었다.

하지만 어느 순간부터 '멋진'이란 그 수식어가 가슴을 옥죄고 허리를 구부정하게 만들었다. 점점, 내가 그 말을 들을 자격이 없다는 생각이 커졌다. 중학생이 되고 학년이 올라가면서 성적도 평범, 외모도 평범, 뭐 하나 특별히 잘하는 게 없었다. 나는 이제 더는 멋진 사람이 아니었다. 수학 문제 하나만 틀려도 펑펑 울던 나는 성적표에 나오는 평균 점수를 보며 중간은 된다는 사실에 안심했다. 성적표가 나온 날이면 집에 가 엄마, 아빠에게 보일 생각에 가슴이 무겁게 내려앉았다. 어떤 변명을 하면 조금이라도 덜 혼날까 고민하며 이것, 저것 공책에 끄적거렸다. 너무 모나지도 그렇다고 예쁘지도 않은 글씨가 적힌 페이지는 그대로 휴지통에 버려지곤 했다. 집에 다다라서도 한참을 서성이다가 새까만 밤이 되어서야 힘없이 엘리베이터 버튼을 눌렀다. 그런 날이면 유독 현관 도어록 소리가 날카롭게 들렸다. 바로 이어 들리는 더 날카로운 목소리는 엄마의 것이었다.

"성적표 받았어? 이리로 가져와 봐!"

우물쭈물하며 성적표를 내밀면 차가운 시선과 한숨이 나를 얼어버리게 했다. 엄마는 절대 화를 내는 법이 없었다. 그냥 조용히 성적표를 식탁에 올려놓고선 방으로 들어가 버렸다. 가방을 벗고 방으로 들어와 침대에 누우면 눈물이 났다. 그대로 없어져 버리고 싶었다. 더는 나를 응원하며 기대하는 팬은 없었고 나에겐 그들의 마음을 돌릴 것이 하나도 남아있지 않았다.

초등학교를 시작으로 대학교를 졸업해 직장을 다니며 나의 무대는 가족이 아닌 사회로 더 넓어지고 관객도 많아졌다. 무대만 넓어졌을 뿐 나는 평범한 최형선 그대로였다. 누구도 나를 기대하긴 커녕 궁금해하지도 않았다. 한때 각종 매체에서 '내 인생은 내가 주인공'이라며 자신감 있게 살아갈 것을 권유했었다. 내가 꼭 듣고 싶던 말이라 한창 그와 같은 글귀가 들어간 글을 찾아 읽기도 하고 영상도 찾아보았다. 하지만 변하는 건 없었다. 그런 조언을 해주는 사람들은 늘 어떤 분야에서든 성공을 한 사람들이었다. 나는 그들처럼 될 자신이 없었다. 오히려 전보다 날 더 쳐지게 했다. 이윽고 나는 나 자신에게 화를 내기 시작했다. '네가 학창 시절에 공부를 악착같이 했더라면' '대학 시절에 대외활동도 열심히 하고 학점 관리를 소홀히 하지 않았더라면' 등의 나를 향한 온갖 비난을 서슴지 않았다.

블록버스터 영화가 극장에 찾아오기가 무섭게 예매 판에는 시간대마다 빨간색으로 '매진'이라고 뜬다. 주인공들의 화려한 액션과 사실적인 것을 넘어서 영화관 전체를 날려버릴 것 같은 시원한 폭발음은 사람들의 스트레스를 공중분해해준다. 언젠가부터 나는 이런 영화가 싫어졌다. 주인공은 늘 총알이 빗발치고 차가 뒤집히는 극한 상황에 처하지만 무사히 목적지에 다다른다. 반면 그의 옆에 있던 사람들은 가만히 있다가 총알에 맞기도 하고 뒤집힌 주인공의 차로 인해 다른 차에 부딪혀 폭발을 하기도 한다. 난 그것이 불편했다. 방금 총을 맞은 저 사람은 어디를 가는 중이었을까? 폭발을 한 저 차량에는 어떤 사람이 타고 있었을까? 가족들이 여행을 가는 중은 아니었을까? 생각이 점점 꼬리를 물어 한창 클라이맥스를 지나고 있는 영화에 집중을 하지 못하고 우울한 감정에 빠지곤 했다. 주연도 아니고 엑스트라에 나를 비추며 비관을 하다니. 영화를 본 뒤 흥분을 하며 감상을 얘기하는 친구들 사이에 끼어서 나는 아무 말도 할 수 없었다. 혹여 나와 같은 기분을 느끼는 이가 있을까 기대하며 주인공 대신 총을 맞아 죽은 사람에 대한 연민을 이야기하면 돌아오는 대답은 한결같았다. 뭐 어때? 어차피 주연도, 조연도 아닌 엑스트라잖아.

그랬다. 그들은 영화가 끝난 뒤 한참을 올라가는 크레디트에 이름조차 나오지 않는 엑스트라였다. 아무도 관심이 없고 아무도 기억을 하지 못하는 역할. 그들과 닮은 나를 마주하는 건 참 힘든 일이었다. 나는 점점 그런 할리우드 블록버스터 영화를 피하기 시작했다. 영화를 같이 보러 가자는 친구들의 권유에 큰 소음에 예민하다며 거절을 하곤 했다. 한 번은 친구와 술을 마시며 이런 나의 생각을 공유했다. 친구는 누구나 같은 생각을 할 거라며 위로를 해주다가 대뜸 이렇게 물었다.

"그럼 형선이 너는 주연이 되고 싶은 거야?"

순간 머리가 새하얘졌다. 나는 주연이 되고 싶은 걸까? 세상이 말하는 소위 성공한 사람이 되어 스포트라이트를 받고 싶은 건가? 머릿속에서 엉클어진 생각은 입 밖으로 나오지 못하고 모르겠다며 대답을 얼버무리곤 다른 주제로 넘어갔다. 집에 가는 내내 내 머릿속에 친구의 그 질문이 맴돌았다. 나는 주연이 되고 싶은 걸까.

그놈의 MBTI

"너 mbti가 어떻게 돼?"

아, 또다. 그놈의 mbti. 오랜만에 만난 친구는 안부 인사를 묻기가 무섭게 나에게 질문을 던졌다. 나는 지겹다는 표정이 드러나지 않게 웃으며 대답했다.

"나 그거 검사 안 해봤어."

친구는 안 그래도 큰 눈을 더 크게 뜨며 동시대에 사는 사람이 맞냐 며 면박을 줬다. 이것 또한 예상 가능했던 반응이다. 나는 농담조로 아 직 20대에 머물고 있다며 정확한 대답을 회피했다. mbti가 뭐길래 그 렇게 궁금해하고 떠들어댈까. mbti에 대해 모르는 이를 위해 간단히 설명하자면 성격 유형 선호 지표로써, 사람의 성격을 16가지 유형으 로 나누어 설명하는 것이다. 두 개의 태도 지표(외향-내향, 판단-인 식)와 두 개의 기능 지표(감각-직관, 사고-감정)에 대한 개인의 선호 도를 밝혀서 4개의 선호 문자로 구성된 개인의 성격 유형을 알려준다. (나무 위키 참조)

나는 친구 말대로 다른 시대에 사는 사람인가 보다. 사실을 말하자면 난 그 검사를 몇 번이나 해봤다. 하지만 할 때마다 결과는 달랐다. 어느 날에는 enfp가 나오기도 어떨 때는 infj가 나오기도 했다. 매번 다르게 나오는 결과를 볼 때마다 이게 과연 신뢰성이 있는 건지 의문이 들었다. 애당초 사람의 성격을 16가지로 나누는 것이 가능한 일인가? 나는 내 성격조차도 하나로 정의할 수 없다. 그리고 무엇보다 사람의 성격을 단 4개의 문자로 단정 짓는 것을 인정할 수 없다. 다들 재미로 보는 것이라고는 하지만 모 사의 한 토크쇼에서 진행자가 게스트에게 만날 때마다 mbti를 묻는 것을 보며 이 사람들 진심이구나, 생각했다. 모두가 꽤 오랫동안 이 테스트에 빠져 삶에 적용하는 것을 보며 이상한 반발심이 생겨버렸다.

난 늘 정해진 기준에 맞춰서 살아야 했다. 엄마, 아빠의 기준에서 조금도 벗어나는 것은 있을 수 없는 일이었고 기준에 못 미치는 것 또한 허락되지 않았다. 그 기준은 나도 모르는 사이 나의 기준이 되어 있었고 엄마 아빠가 관여하지 않아도 스스로 나 자신을 다그쳤다. 서른 살이 지금까지도 난 내가 가진 기준이 스스로 세운 기준인지 확신하지 못한다. 그것이 누구로부터 비롯되었든 아직까지 나는 수많은 기준을 갖고 살아간다. 일을 할 때 성과가 내가 생각한 기준에 맞지 않으면 자책하는 것부터 시작해 어떤 사람이 나에게 호감을 보이든 내 쪽에서 호감이 먼저 생기든 나의 기준에 합당한지부터 생각한다. 이렇게 사는 것은 나를 옥죄고 불편하게 한다는 것을 알면서도 너무 오랜 시간 해왔던 습관이라 떼어내기가 쉽지 않다. 어떤 틀 안에 날 가두고 사는 것은 답답함과 동시에 긴장감을 조성한다. 그래서인지 내 마음에서 여유는 찾아보기란 어렵다. 나는 현재, 정신과를 내담 하며 상담과 함께 약 처방을 받는 중인데 먹는 약이 13가지나 된다. 그중 절반 이상은 팽팽한 신경을 느슨하게 만드는 것이고 물론 수면제도 포함된다. 기준은 높게 잡혀 있는데 그에 매번 미치지 못하는 나를 보며 불안해하고 잠을 이루지 못한다.

대학교 2학년 때 '행복이란 무엇일까?'라는 강의를 수강한 적이 있다. 단순히 출석만 100프로 하면 A+를 받을 수 있다는 말에 친구들과 우르르 몰려갔다. 그냥 가볍게 듣기 위해 신청한 과목이었는데 첫 수업 때 뜻밖의 과제를 받았다. '삶의 기준 정하기' 한 페이지 분량의 쉬운 과제였음에도 불구하고 일주일 내도록 한 글자도 적을 수 없었다. 과제 기한이 하루 전으로 다가와 급하게 노트북을 켜고 흰 바탕에 깜빡이는 커서를 바라봤다. 나에게 기준이란 불안함과 답답함의 근원인데 '행복'에 관한 수업에 합당한 글을 써야 한다니. 네이버 창에 '행복한 삶의 기준', '행복하기 위한 삶의 기준' 등을 검색해보면서 제법 많은 사람이 삶의 기준을 정해야 행복해질 수 있다고 믿는다는 걸 알게 되었다. 대부분의 내용은 이러했다. 삶의 기준을 세상에 놓지 말고 나에게로 돌려라. 삶의 기준과 방향을 잘 잡아야 행복해질 수 있다. 이 글을 읽는 혹자도 그렇게 생각할 수 있다. 그것을 비판하려는 것이 아니다. 그냥 나에겐 신선한 충격이었다는 것을 말하고 싶은 것이다. 나에겐 없어져 버렸으면 했던 것이 어떤 이에겐 행복을 위한 필수 조건임에 말이다. 결국 네이버 블로그 글을 대충 베껴서 내고 말았지만 그 과제의 여운은 꽤 오래갔다.

아이러니하게도 나는 기준에 관해 굉장히 부정적인 시각을 갖고 있으면서도 어떤 것에 있어 기준을 정하지 않는 것을 불안하게 여긴다. 또한 나의 기준뿐 아니라 세상의 기준에도 지나치게 신경 쓴다. 끊임없이 세상이 정해놓은 기준에 나를 비교하며 내가 그 안에 들었을 때 만족감과 편안함을 느낀다. 언제까지 나는 정해놓은 틀에 나를 맞추는 삶을 살아야 할까. 그 틀을 벗어던지고 자유로워질 수 있는 날이 오긴 할까.

나만 힘든 연애

아주 오랜만에 대학 동기들과 만날 일이 생겼다. 괜스레 설레고 옛 생각이 나서 학교 근처로 약속 장소를 잡기로 했다. 만나기도 전에 카톡방은 시끄러웠다. 2학년 동아리 회식 때 갔던 거기에 가자느니 동기 한 명이 여자 친구와 헤어져 목놓아 울었던 그 가게를 가자느니 다들 의견이 분분했다. 다들 만나기도 전에 추억팔이가 한창이었다.

오랜만에 만난 얼굴들은 10년이 지나도 여전했다. 반가움을 한껏 표현한 뒤 카톡방에서 못다 한 추억을 회상하며 웃던 우리는 술이 몇 잔 들어가자 현실적인 고충을 털어놓기 시작했다. 직장 내에서 상사와의 스트레스, 사업을 하는 어려움 등 여러 이야기를 하다가 결혼 얘기가 나왔다. 나를 제외한 모두가 현재 남자 친구 혹은 여자 친구가 있는 상태였고 다들 결혼을 전제로 만나고 있는 중이었다. 얘기가 한창인 중에 말이 없는 내게 한 친구가 물었다.

"형선이는 아직도 연애 안 하냐?"

오랜만에 친구를 만나면 늘 듣던 이야기임에도 불구하고 이번엔 좀 크게 다가왔다. 너무 오랜만에 만난 친구들이기에 만나지 않은 그 긴 세월 동안 연애 한 번 하지 못한 내가 뭔가 부끄러웠다. 친구들은 다 결혼을 전제로 연애를 하고 있는데 나만 아직도 혼자인 것이 이상하게 더 씁쓸하게 다가왔다. 갑자기 심각해진 분위기에 나는 이 공기를 조금이라도 가볍게 만들고 싶어 일부러 표정을 짓궂게 지어 보이며 대답했다.

"그렇지 뭐. 주변에 괜찮은 사람 있으면 소개 좀 해줘."

늘 하던 대로 답을 하고 넘어가려는데 친구들이 호락호락하지 않았다. 왜 아직도 연애를 하지 않느냐. 네가 아직 20대인 줄 아느냐. 너 그러다 평생 혼자 산다느니 쏟아지는 조언에 나는 정신을 차리지 못했다. 그리곤 생각했다. 정말 왜 나만 연애를 못할까.

나는 30년째 소위 말해 모태솔로이다. 즉 태어나 연애를 단 한 번도 해보지 않았다는 거다. 딱 한 번 연애를 해봤지만 2달 남짓했거니와 한 달은 내가 유럽에 가 있었으므로 그때 연애를 했다고 하기도 참 애매하다. 친구들은 예나 지금이나 이런 나를 이해하지 못했다. 뭐가 부족해서 연애를 하지 못하냐며 너무 따지는 것 아니냐는 말부터 남자를 좋아하지 않는 것이 아니냐는 말까지 들었다. 문제는 나도 잘 모르겠다는 것이다. 내가 왜 연애를 하지 못하는지. 연애를 하기 싫은 것은 아니다. 꾸준히 노력도 해왔다. 마음에 드는 사람이 있으면 먼저 다가가기도 하고 누군가가 나에게 관심을 가지면 나도 마음을 가지려 노력도 한다. 하지만 연애를 하기 직전에 다다르면 늘 망설이다 발을 빼곤했다. 왜?라고 스스로에게 질문을 던질 때마다 나는 늘 사랑을 잘 모르겠다고 생각을 한다. 내가 기억이 나지 않는 아주 어렸을 때를 제외하고는 나에게 사랑은 늘 노력해서 얻어야 하는 것이었다. 어린 나에게 사랑은 칭찬과 관심을 뜻했다. 그것을 받기 위해서는 무언가를 해내야 했다. 그래서인지 엄마가 나에게 심부름을 부탁할 때면 그렇게 기쁠 수 없었다. 엄마를 위해 무엇인가를 해주고 그에 상응하는 칭찬과 관심을 받을 수 있었기 때문이다. 학교를 들어가고 나서부터는 선생님한테 받는 칭찬부터 해서 성적, 친구와의 관계를 신경 썼다. 그리고 스스로를 통제하기 시작했다. 부모님께 미움받을 행동을 하지 않기 위해 늘 조심하고 대신 칭찬을 받기 위해 노력했다. 반에서 시끄럽고 재밌는 친구들과 놀고 싶어도 꾹 참았다. 그런 아이들과 놀면 성적이 떨어지고 선생님의 눈초리를 받을 것 같은 생각이 들었다. 내게 사랑은 그랬다. 참고 나를 통제해야 받을 수 있는 것이었다.

특히 아빠에게 받는 칭찬과 관심은 특별한 것이었다. 아빠는 웬만한 일에 반응하는 법이 없었다. 늘 과묵했고 나에게 살갑게 구는 일도 없었다. 나도 애교가 많은 편이 아니기에 우리 사이는 늘 어색했다. 그런 우리 사이를 반짝 가깝게 해 줬던 건 나의 좋은 성적에 있었다. 아빠에 대한 기억이 거의 없는 중학교 시절 나에게 아직도 또렷하게 뇌리에 남는 장면이 있다. 때는 중학교 2학년 시험 기간이었다. 나는 아마 과학시험을 앞두고 있었던 모양이다. 공부하는 나를 위해 텔레비전 소리를 가장 작게 줄이고 보고 있던 아빠 앞에 과감하게 다가간 나는 난데없이 과학책을 아빠에게 건넸다. 그리고선 시험 범위 중 몇 페이지를 달달 외운 것을 그대로 읊었다. 난 그때 아빠의 표정을 잊을 수 없다. 함박웃음을 지으며 내가 대견하다는 듯이 보던 그 표정. 나는 아마 아빠에게 칭찬을 받고 싶었던 모양이다. 의기양양하게 방으로 들어가선 그다음 페이지를 또 열심히 외웠던 기억이 있다.

부모님에 대한 사랑을 기대하는 마음이 컸기에 내가 노력한 것에 비해 반응이 크지 않으면 실망감도 그만큼 컸다. 나름 만족하는 성적표를 들고 가더라도 엄마, 아빠가 기뻐하지 않으면 내가 그 성적을 받기 위해 노력한 것이 아무것도 아닌 게 되었다. 그때는 어려서 명확하게 감정을 정의할 수 없었지만 지금 와서 생각해보면 거절당했다는 좌절감이었다. 내가 주는 만큼 받지 못했다는 느낌. 인정받지 못했다는 마음. 그렇듯 나에게 사랑은 늘 어려운 존재였다. 하기 싫은 공부를 억지로 해야 받을 수 있었고 놀고 싶은 마음을 꾹 억제해야 얻을 수 있었다. 그렇게 살아온 내게 연애가 쉬울 리 없었다. 누군가를 좋아하는 마음을 갖게 되면 나는 두려움부터 앞섰다. 내가 마음을 표현했을 때 거절을 당하면 어쩌지. 내가 사랑을 주는 만큼 받지 못하면 어쩌지. 가장 기본적으로 나는 무조건 적이고 편안한 사랑을 받아보지 못했기 때문에 그에 대한 불신이 컸다. 누군가가 나를 좋아한다는 걸 받아들이지 못했다.

대학교 2학년 2학기가 막 끝났을 무렵 한 학년 후배가 나에게 고백을 한 적이 있다.

"신입생 OT 때부터 좋아했어요. 거절할 거 알지만 그냥 말이라도 해보고 싶었어요. 선배 많이 좋아해요."

너무 갑작스럽기도 했고 심지어 친하지도 않았던 후배의 고백이라니. 이해할 수 없었다. 당연하게 거절을 한 뒤 집으로 오는 지하철에서 생각에 잠겼다. 무려 1년간 나를 짝사랑했다니. 나와 친했던 것도 아니고 가끔 다른 아이들과 같이 밥을 먹거나 학생회실에서 마주치면 인사를 했을 뿐인데. 나에 대해 뭘 안다고 좋아한다는 걸까? 게다가 거절할 줄 알았는데도 고백하다니. 그 아이의 용기가 대단했다. 원하는 반응이 오지 않을 걸 알면서도 자신의 마음을 표현하는 대범 함이라니. 그가 부러워지기까지 했다. 예상치 못한 고백을 받을 때면 난 한결같이 거절했다. 그냥 도무지 이해가 되지 않았다. 누군가를 이유 없이 좋아하는 것. 상대가 바라봐주지 않을 걸 알면서 하는 짝사랑과 같은 감정 말이다.

하지만 내 거절은 갑작스러운 고백에만 해당하는 것은 아니었다. 상대방과 분명 좋은 감정을 갖고 연락하고 만나다가도 고백을 하면 친구로 지내자며 혹은 나는 아직 때가 아닌 것 같다며 발을 빼기 일쑤였다. 이유를 생각하다 보면 항상 같은 결론에 다다랐다. 나에 대한 믿음 부족. 나 자신을 사랑하지 않으니 타인이 나를 사랑하는 것을 이해하지 못하는 것이다. 나의 이런 면 때문에 이 사람이 금방 질리면 어쩌지, 내가 이런 행동을 했을 때 실망하면 어쩌지. 이와 같은 두려움에 시작조차 하지 못하는 거였다. 나에 대한 가치를 부모님 혹은 선생님

등의 타인이 평가하게 두는 것을 너무 습관처럼 해버린 탓이었다. 어른이 되어 이제는 부모님 그늘을 벗어난 지 오래임에도 불구하고 나는 나를 타인의 평가에 맡겨버린다. 심지어 타인의 기준에 틀을 맞추고 나를 끼워 맞추려고 한다. 그 타인은 부모님이었다가, 친한 친구들이었다가, 사회이기도 했다.

어느 날 문득 이런 내가 지겨워졌다. 더 이상 틀에 갇힌 나로 살아가기 싫었다. 어디서부터 잘못된 지 모르겠지만 뭔가 틀어진 것은 분명했다. 삶의 기준을 타인이 아닌 나로 바꾸고 싶었다. 그렇게 나는 그날 정신과를 내원했다.

막상 부딪혀보면 아무것도 아닌 일

용기 내 정신과에 방문했을 때 나는 지쳐있었다. 아무런 의욕이 없었고 감정도 느껴지지 않았다. 사실 이번이 처음이 아니었다. 병원 앞에서 들어갈까, 말까 망설였던 적은 몇 번 있었다. 하지만 그때마다 뭔지 모를 두려움이 발걸음을 붙잡았다. 나이가 어렸기도 했고 내 이야기를 털어놓는 것이 망설여졌다. 주변의 시선도 두려웠다. 그때보다 조금 더 자란 나는 그리고 조금 더 지친 나는 마지막 희망이라고 생각하며 병원 문을 두드렸다.

수많은 검사지를 작성하면서 직감했다. 마음의 병이 있을 거라고. 그리고 그 예상은 적중했다. 선생님은 내가 꽤 오래전부터 우울증을 앓았던 것 같다며 중증이라고 했다. 생각보다 놀라운 결과는 아니라 눈물은 나오지 않았지만, 심장이 잔잔히 내려앉았다. 선생님은 근심 가득한 말투로 이것, 저것 물어보시며 약 처방과 지속적인 상담을 권유하셨다.

"형선 씨, 용기 내서 잘 오셨어요. 분명한 건 좋아질 수 있어요."

우울증이라고 진단을 받았을 때도 나오지 않던 눈물이 그 한 마디에 터져버렸다. 좋아질 수 있다는 그 말이 너무 듣고 싶었다. 이런 나도 나아질 수 있다는 희망을 갖고 싶었다. 상담을 예약하고 병원을 나서는데 후련했다. 처방받은 약을 받으려고 약국에서 기다리는데 노래가 흘러나왔다.

길었던 겨우내 줄곧 품이 좀 남는 밤색 코트

그 속에 나를 쏙 감추고 걸음을 재촉해 걸었어

그런데 사람들 말이 너만 아직도 왜 그러니

그제서야 둘러보니 어느새 봄이

나만 빼고 다 사랑에 빠져 봄노래를 부르고

꽃잎이 피어나 눈 앞에 살랑거려도

난 다른 얘기가 듣고 싶어

한바탕 휩쓸고 지나가버릴

오오 봄 사랑 벚꽃 말고

-봄 사랑 벚꽃 말고(하이포 및 아이유) 중 일부분 발췌-

　정말 이 순간에 딱 맞는 노래가 아닐 수 없었다. 어느 순간 나는 밤색 코트를 입은 노래 속 주인공이 되어 감정이입을 하고 있었다. 이 노래는 아직까지 내가 가장 좋아하는 노래다. 나의 계절은 그동안 늘 겨울이었다. 밤색 코트를 입고 웅크리고만 있던 나를 얼른 밖으로 내보내 봄을 느끼게 하고 싶었다.

　집으로 가는 길 내내 고민했다. 부모님에게 나의 상태를 말해도 되는 걸까. 나에 대한 실망만 느끼는 건 아닐까. 그리고 무엇보다 나에겐 상담비를 감당할 경제력이 없었다. 집에 도착해서도 방에서 혼자 고민하다 문득 살면서 단 한 번도 엄마나 아빠한테 무언가를 요구하거나 도움을 요청한 적이 없단 걸 깨달았다. 늘 엄마가 원하는 것, 아빠가 요구하는 것 등을 하기 위해 아등바등했을 뿐이었다. 그 생각에 다다르면서 결심이 섰다. 그래, 나도 뭔가를 해달라고 말해보자. 그렇게 생각이 들자 용기가 생겼다.

　병원에 들어갈 때보다 떨리는 마음으로 텔레비전을 보고 있던 엄마, 아빠한테 다가갔다. 생각 외로 나는 덤덤히 말해 나갔다. 울음이 나와 떨릴 줄 알았던 목소리가 차분하게 가라앉았고 정확하게 내 상태를 말할 수 있었다. 내 얘기가 끝났을 즈음엔 텔레비전은 꺼진 지 오래였고 엄마는 울고 있었다. 엄마의 울음은 예상 가능한 것이었기에 놀랍지 않았는데 아빠의 눈에 눈물이 고여 있었다. 할아버지가 돌아가셨을 때를 제외하고는 아빠의 우는 모습을 한 번도 못 본 터라 더 놀라웠다. 아빠는 나에게 미안해하고 있었다. 말로 표현하지는 않았지만 느낄 수 있었다. 그리고 전에 느낄 수 없었던 사랑이 느껴졌다. 아, 아빠도 나를 많이 사랑하고 있었구나. 표현을 안 했을 뿐이구나. 아빠는 빨개진 눈으로 날 바라보면서 말했다.

"바로 상담받자."

나를 그냥 바라봐주기

날씨가 화창하다가도 갑자기 소나기가 오듯이 내 마음도 그렇다. 마냥 기분이 좋다가도 순간 우울해지는 날이 있다. 예전 같으면 그 기분에 휩쓸려 아무것도 하지 못하는 나날을 보냈겠지만 이제는 그냥 그 감정을 지그시 바라보는 여유가 생겼다. 왜 이런 감정이 생겼을까 되짚어보지도 않는다. 그냥 응시하는 거다. 그리고 그게 지나갈 때까지 기다린다. 전에는 늘 이유를 찾았다. 그리고 그 원인을 남한테서, 사회한테서 찾았다. 미워하는 감정을 갖는 건 생각보다 힘들다. 그만큼 에너지를 쏟아야 하기 때문이다. 남을 원망하고 사회를 원망하면서 나의 우울은 깊이를 더해 가기만 했다. 하지만 아무 이유도 찾지 않고 그냥 기분 자체를 받아들이는 현재, 나는 너무 편안하다.

"너 얼굴이 달라졌다. 뭔가 유해졌어."

나와 대학 시절을 내내 붙어 다녔던 친구가 오랜만에 만나 나에게 건넨 말이다. 나는 내 얼굴을 매만지며 그러냐고 반문했지만 사실 요새 자주 듣는 말이다. 얼굴에서 여유가 보인다는 말. 들을수록 기분 좋

은 말이다. 지금의 내가 과거와 비교해 아주 행복하거나 우울함이라고
는 찾아볼 수 없다고 한다면 그건 거짓말이다. 아직도 우울한 순간은
찾아온다. 하지만 그 순간들을 마주하고 받아들이고 나니 표정도 부드
러워지고 말도 유하게 하게 된다. 일단 어떤 일에든 날을 쉽게 세우지
않게 된 것이 나의 큰 발전이다.

　모든 것을 그만하고 싶을 때가 있었다. 초저녁부터 침대에 누워 빨
리 이 끔찍한 하루가 지나갔으면 했을 때가 있었다. 그런 하루, 하루를
버텨온 지금 내가 여기 있다. 지금은 우울한 기분이 들 때면 모자만 눌
러쓰고 바로 밖으로 나가 조금이라도 걷는다. 불어오는 바람을 맞으며
걷다 보면 기분이 나아진다. 잡생각도 사라지고 조금이라도 걸었으니
집에 가는 길에 뭘 먹을지 고르기도 해 본다. 이런 소소한 생각들이 날
살아가게 해 준다. 행복 뭐 별거 있나. 이런 게 행복이지.

웜홀(Wormhole)

신동국

신동국
과학, 조깅, 그리고 주말에 꾸벅꾸벅 졸면서 책 읽는 것을 좋아하는,
되고 싶은 것도 많고 하고 싶은 건 더 많은 01년생 물리학과 대학생.
길고 긴 버킷리스트 완성의 일환으로 글을 쓰기 시작했다.
촌철살인의 명구보다는 탄탄하고 깔끔한 글을 쓰는 사람이 되는 게 글쓴
이로서의 목표.

instagram: @f.latmountain

나는 책벌레다.

애서가(愛書家)가 아니라 책에 사는 벌레.

죽어 껍질이 벗겨지고 빻아지고 약품에 적셔지고 아교가 칠해져 압착기에 눌리고 빛이 바랜- 한때는 끈적이는 수지(樹脂)가 흐르는 아름드리 나무였을 누런 펄프의 광야가 나의 밥이요 집이요 세상이다.

내가 한 시립도서관의 고서 코너에서 알을 깨고 나온 이래 수많은 책들을 음미하며 한 가지 깨달은 것이 있다면, 인간이 이 땅의 우세종으로 올라설 수 있었던 까닭은 순전히 책에 있을 것이라는 것이다. 인간은 기억을 글로 풀어 쓰면서부터 방대한 이야기를 전부 외우거나 현인에게 일일이 묻지 않아도 그때그때 필요한 내용을 꺼내 볼 수 있게 되었다. 요컨대 지름길이 생긴 것이다. 그것이 수십 수백 세대에 걸쳐 당대 최고의 기재들이 시행착오 끝에 거머쥔 저마다의 깨달음을 담은 보물 같은 책들이 쌓여왔고, 그것이 인류가 이 행성의 지배자로 발돋움할 수 있었던 가장 큰 이유일 것이라는 것이 나의 생각이다.

그런 연유로 나 또한 짧은 생에서 보고 느낀 점을 친애하는 파브르의 저서 귀퉁이에 남겨 후세에 전하고자 한다. 어딘가의 수학자와는 달리, 어지간한 책의 단어 하나보다도 덩치가 작은 나는 여백이 모자람을 걱정하지 않아도 되는 만큼 작가로서는 우세를 점한다고 볼 수 있겠다.

"그러니, 내려주지 않을래? 나는 할 일이 아주 많아."

왼쪽 뒷다리가 거미줄에 걸려 거꾸로 매달린 채로 나는 말했다.

어쩌다 일이 이렇게 된 걸까.

돌이켜보면 다른 서적 코너에 몸을 숨겨 들어간 것이 화근이었다. 고풍스러운 맛과 멋을 한껏 뽐내는 나의 고향 고서관도 좋지만, 나는 언제나 더 넓은 세상을 동경해왔다. 인간보다 네 개나 많은 다리를 가지고도 모험에 몸담지 않는 것은 부끄럽지 아니한가. 때문에 나는 〈여씨춘추〉 속에 숨어들어 '삼년불비(三年不蜚)' 부분을 갉아먹으며 누군가 〈여씨춘추〉를 대출하여 먼 곳에서 내가 웅크린 페이지를 펼쳐줄 때를 기다렸다.

이윽고 기다리던 날이 찾아왔고, 어둠이 걷힌 그날 나는 쏟아지는 빛의 알갱이들을 헤치고 힘차게 도약했다. 남들보다 두어 옥타브 높은 앙칼진 소리로 반갑게 인사를 건네는 낯선 인간을 뒤로하고 도달한 그곳은 고서관의 반대쪽 끝에 위치한 신간 서적 코너였다. 내 걸음으로 왔다면 삼 년은커녕 필시 세대가 세 번은 돌았을 것이다. 내 수명이 삼 년이나 될 턱도 없으니 그 말이 그 말이겠지만. 여튼 중요한 것은 나는 닻을 올렸고, 바람은 나를 신대륙으로 이끌었다는 것이다. 허나 설렘도 잠시, 나는 얼마 지나지 않아 고서관에 자리를 튼 선친의 지혜에 탄복할 수밖에 없었다.

연식이 오래지 않아 눈처럼 흰 종이를 입맛을 다시며 베어 문 순간 입안에 까슬하고 텁텁한 느낌이 엄습했다. 어찌된 일인가 하여 마침 근처에 꽂혀 있던 제지술에 관한 책에 들어가 쭉 파먹어보니 근래의 책들은 전부 내구성을 위해 종이에 돌가루를 섞어 만들기 때문에 그렇다는 것이었다. 더럽고 치사해서 눈물이 핑 돌았다. 임오(壬午)년의 군란을 기억하는 민족이 어떻게 먹을 것을 가지고 장난을 칠 수 있다는 말인가.

대명천지에 이럴 수는 없는 거라고 길길이 뛰어도 소용없었다. 눈앞에 버티고 있는 냉엄한 진실은 새 거처가 나에게 썩 호의적이지 않고 여기 계속 머물다가는 틀림없이 외골격이 상접하고 말 것이라는 것이다. 나를 더 슬프게 만드는 것은, 나는 곰팡이 한 줄기 안 얹힌 돌 섞인 책만으로 연명하면서까지 구차하게 생을 이어가고 싶지는 않음에도 지쳐 잠들다 눈을 뜨면 나도 모르게 페이지 귀퉁이를 열심히 우물거리고 있는 것이었다. 나는 벌레들 중에선 교양과 품격이 있는 편이라고 자부하지만, 불행히도 내 작은 몸뚱이에 각인된 생존본능은 긍지나 이념 같은 가상의 개념으로 어찌할 수 있는 것이 아닌 듯했다.

때문에 돌아갈 결심이 선 나는 올 때와 같은 방법으로 돌아가기 위해 신간 베스트셀러 소설 중 한 권 구석에 웅크리고 기다렸고, 아니나 다를까 〈여씨춘추〉 때보다 훨씬 빠른 시일 안에 누군가가 내가 담긴 책을 들고 움직이는 기척이 느껴졌다. 그런데 어느 순간 너무 오래 한 자리에 머무르는 것 같아 무슨 변고인지 싶어 우측 귀퉁이로 고개를 내밀자 다시 세상이 들썩이기 시작했다. 머리를 돌려 다시 안쪽으로 파고들려 했지만 그만 책 밖으로 튕겨져 날아가다 해먹 모양으로 늘어진 그물에 푹신한 느낌과 함께 안착했다. '응? 그물?' 하는 생각이 들어 고개를 든 순간 눈앞의 쩍 벌어진 입을 보고 아연했지만, 어렵사리 정신을 붙잡고 대화를 유도해 지금 여기서 몇 분 간의 시간을 벌어낸 것이다.

해서 나는 이 거구를 뽐내는 호랑거미 앞에서 용궁의 토끼요, 천일야화의 셰에라자드가 되어야 한다. 일신의 안위가 아니라 책과 기록을 통한 일족의 부흥, 아니 역시 일신의 안위를 위해-어느 쪽이든 간에 나는 반드시 살아 돌아간다. 내 고향인 〈소학 언해본〉도, 오크나무 향이 나는 〈신곡〉도, 언젠가 지나쳤던 바삭해 보이는 〈바가바드 기타〉도, 살아서 반드시 그것들을 다시 맛보리라. 글도 남길 수 있으면 더할 나위없이 좋고.

"그래서, 고서관으로 돌아가겠다고?"

호랑거미가 여덟 개의 눈알을 띠룩거리며 물었다. 입가에는 조금 전에 먹어치운 듯한 날파리의 날개 부스러기가 빛을 받아 무지갯빛으로 빛나고 있었다.

"맞아."

"흠."

건조하기 짝이 없는 대답만 돌아오고 있지만, 내가 아직 잡아먹히지 않고 살아있는 것만으로도 당초 짐작했던 것보다는 상황이 상당히 긍정적이다. 그래도 역시 이런 잡담은 어디까지나 시간 벌기 이상은 못 된다. 상황을 판가름짓는 건 이제부터의 임기응변일 터다.

"너, 이름은-"

"샬롯."

'어?'

말이 채 끝나기도 전에 돌아온 예상치 못한 즉답에 잠시 당황했다.

"있으면 안 된다는 표정이네."

"…."

"무식한 까막눈 거미가 왜 이름이 있을까 싶지?"

"그런 게 아니라…"

낭패다. 이름을 듣자마자 능글맞게 다른 화제로 매끄럽게 넘어갔어야 하는데 잠깐 주저해버리는 바람에 모양새가 이상해졌다. 머릿속이 하얘져 횡설수설하는 나를 앞에 두고 샬롯이 맨 아래쪽 두 눈을 가늘게 치켜뜨고 말했다.

"안타깝다."

"뭐가?"

"정말 유감이야."

"그러니까 뭐가?"

"내가 이름이 없었다면 네가 하나 지어줬을 텐데. 그렇지? 그리고 나를 그 이름으로 불러줬겠지. 이름을 불러주었을 때 너에게로 와서

꽃이라도 되어주길 바라면서 말이야."

"무슨 이야기를 하는 거야…?"

"이런 식으로 운을 띄워서 어떻게든 살아 돌아가려고 해본 게 네가 처음이 아니라는 거지."

앗. 생각했던 것보다 훨씬 일이 잘못 돌아가고 있었다. 급하게 단어들을 가다듬어 다시 무어라 해보기도 전에 낮고 차가운 목소리로 샬롯이 말했다.

"특히 너 같은 책벌레들. 글깨나 읽었답시고 제가 우화 속 꾀쟁이라도 되는 것마냥 굴려는 걸 보면 이젠 질리다 못해 애처로울 지경이야. 그래도 책을 쓴다는 녀석은 처음이라 잠깐 흥미가 동했는데, 이름이 뭐냐니. 이렇게 진부하게 나와서야 내가 더 들어줄 마음이 안 생기잖아."

짧은 정적이 흘렀다.

그렇구나. 진부함.

나름 괜찮은 아이디어라고 생각했는데 벌써 누군가가 시도해본 거구나. 일단 얘기를 끝까지 들어는 볼 수 있는 것 아니냐고 항변할 마음조차 그 짧은 단어의 무게에 짓눌려 찌그러져 사라졌다. 몸의 삼분지일(三分之一)을 차지하는 가슴을 훑고 지나가는 이 저릿함이 살아나가지 못할 거란 실망에서 오는 것인지, 아니면 상처입은 작가로서의 자존심에서 오는 것인지- 여전히 묶여 있는 채로 그런 생각을 하고 있자니 샬롯이 빈정대는 투로 느릿하게 말을 이으며 다가왔다.

"여하튼, 귀하의 사연과 정성은 매우 갸륵하나 연기는 다음 생에 취미로 하시는 걸 추천드리고요,

저는 불합격 드리겠습니다."

플랑베에 디저트 스푼을 대는 귀부인 같은 몸짓으로 샬롯은 우측 두 번째 다리로 나를 살포시 집어올려 거미줄에서 떼어내 입으로 가져갔다.

그리고 그 순간, 세상이 다시 한 번 뒤집혔다.

***

"여기도 참 정리가 잘 되어 있네. 청소는 좀 해야겠지만.."

구석의 큼직한 거미줄을 슥 치운 뒤 소매로 이마를 훔치며 사서 최군은 고서관 전체를 눈으로 마저 쭉 훑었다. 문헌정보학과를 졸업하자마자 일하게 된 이 도서관에 그가 들어오고 나서 가장 먼저 한 일은 도서관 전체를 한 바퀴 쓱 둘러보고 눈에 띄는 점들을 기록해서 취합하는 것이었다. 처음에는 학교에서 배운 문헌학적 지식들을 직접 적용해서 도서관을 더 이용하기 편하게 만드는 데 이바지할 수 있을 거란 생각에 몸이 달았지만, 막상 쭉 돌아보니 책들은 물론이고 서고의 배치, 도서관 프로그램, 출납 장부 등 모든 것이 이미 완벽하게 정돈된 체계 아래 제 자리를 잡고 있어 보면 볼수록 그가 무언가를 손대어 개선할 여지는 없어 보였다. 그렇게 선배들의 노련함에 감탄하면서도 살짝 김이 빠진 채 마지막으로 도서관 깊은 곳의 고서 코너의 책들을 쭉 둘러보고 나오려는 차에, 뭔가 이질적인-집에 두고 나온 물건이 있다는 걸 깨닫기 직전의 붕 뜨는 기분과도 같은 감각이 그를 붙들었다. 급하게 다시 돌아가 책들마다 붙어있는 도서 관리 태그를 다시 찬찬히 뜯어보고 다른 코너의 책과 비교해본 뒤에야 비로소 그 기묘한 기시감의 정체를 알 수 있었다. 여기의 책들은 전부 전산 등록이 되어있지 않았다. 정확히는 등록 자체는 되어있는데 최근 도서관 홈페이지를 싹 개편하는 과정에서 고서관의 책들에 붙은 도서 태그의 구식 등록번호를 수정하지 않아 도서 검색이 되지 않고 있던 것이다. 다시 고개를 들자 아까랑은 비교할 수도 없이 광활하게 느껴지는 고서관이 그를 반겼고, 책의 수를 헤아리던 그는 그만 눈앞이 아찔해짐을 느꼈다.

"이 정도로 일복이 터지길 바란 건 아니었는데."

***

'벽에 붙은 파리 효과'에 대해 들어본 적이 있는가? 인간들은 벽에 붙은 파리의 입장에서 보면 자신의 고민이 얼마나 대수롭지 않은 것일지를 생각하는 식으로 본인에게 주어진 상황을 객관화하곤 한다는 얘기를 읽어본 적이 있다. 내 경우에는 어떨려나. 날 봐줄 파리는 어딘가의 거미께서 맛있게 잡수신 것 같던데.

아무도 모르게 데뷔한 신인 작가가 다시 누구에게도 알리지 않고 절필을 고한다. 그런대로 시적이지만 역시 객관적으로 생각하면 한심하게 들리는 이야기다. 그렇다고 해서 벌떡 일어나 다시 글을 쓸 마음이 생겼다거나 하는 건 아니지만.

그날 어찌어찌 생환한 이래로는 영 글을 쓸 의욕이 나지 않았다. 나의 창의력에 대한 샬롯의 가차없는 혹평도 혹평이었지만, 아무래도 사선을 넘어 살아 돌아온 이후 심경에 변화가 온 것이 가장 큰 이유일 것이다. 공허. 심연. 무저갱. 여하튼 어둡고 절망적인 단어라면 뭐든 꼭 어울릴 그 입 속에 들어갔다 나온 뒤에도 살아간다는 것의 특별한 의미나 사명 같은 것에 큰 의미를 두고 살아갈 만큼의 낭만은 내게 없었던 모양이다. 그간 삶에게 미움받아 허무주의 앞에 굴복한 숱한 비극의 주인공들을 그토록 비웃어왔건만 내 일이 된다는 건 역시 읽는 것과는 달라도 한참 다른 이야기였다.

그 전이었다면 문자 그대로 티끌만한 내 뇌가 외상 후 스트레스 장애 따위의 복잡한 기전을 수행할 수 있다는 사실에 놀라워했겠지만 지금으로서는 그저 저주스러울 따름이다. 누워서 사색에 잠길 때도, 새로운 책을 찾아나설 때도, 어쩌다 한 번씩 다시 글을 써볼까 하는 손톱만한 열망이 꿈틀거릴 때도, 그저 먹고 잘 뿐인 가장 원초적인 형태의 삶에서 벗어나려고 할 때면 어김없이 그날의 기억보다 수십 배나 크게 느껴지는 검은 아가리가 눈앞에 드리워지는 듯한 감각에 압도당했다. 1보 전진 2보 후퇴. 일곱 번 넘어지고 여덟 번 일어나고 다시 여덟 번째 넘어지고. 그런 나날이 며칠간 반복된 끝에 마침내는 진력이 다 빠진 채 나가떨어져서 홀로 외로이 작금의 무기력한 상태에 침잠해 있던 것이다.

잠깐, 혼자? 그러고 보니 며칠 전 그 거미랑 대화하기 전에 마지막으로 대화란 걸 나누어 본 게 언제였더라… 뭉근한 기억 속을 휘젓자 오랜만에 떠올리는 이름들, 그리고 파편화된 어린 시절의 기억들이 낡

은 빔 프로젝터로 영사한 흐릿한 영상처럼 하나둘씩 어른거리며 피어
났다.

　태어나려는 자는 누구든 하나의 세계를 파괴하지 않으면 안 된다.
알은 하나의 세계. 새뿐만 아니라, 우리들 벌레 또한 알에서 나오기 위
해 투쟁한다. 나는 〈소학 언해본〉의 첫 장에서 나의 첫 투쟁을 완수했
고, 습하고 어두웠던 나의 고향에는 다른 책벌레들도 제법 있었기에
그들과 어울려 지냈다. 그 이후로는 뭐, 뻔한 이야기다. 같이 즐거이
책을 먹고, 한 권을 다 먹고 나선 목차 주변을 거닐며 이런저런 토론도
나누고, 그러다 백과사전 밑동에 깔려 압사한 녀석도 있었고, 나프탈
렌 근처에 놓인 책을 파먹다 입에 거품을 물고 죽은 녀석도 있었고, 옆
책장에 산책 갔다 영영 돌아오지 못한 녀석도 있었고... 그런 일이 몇
번 반복되더니 결국 꽤 오래전부터 남게 된 건 나 혼자였고, 꼽아보니
하늘의 달이 대략 열한 번하고도 반 정도 차고 기울 동안 누군가와 대
화를 나눠본 적이 없다는 계산이 나왔다. 슬프다는 생각은 해본 적 없
다. 우린 모두 삶의 막이 열릴 때 알 속에서 혼자였는데 죽을 때라고
달라야 한다는 법은 없지 않은가.
　죽음, 그러고 보니 죽음. 평소 그 단어에 유달리 집착하던 친구가 있
었는데…
　맞아. 윌버. 유언이라고 남긴 것도 어차피 이 도서관에 양지바른 곳
따위는 없으니 그런 곳에 못 갈 바에야 가장 어두운 구석에 자길 던져
달라는 말이었던, 마지막까지 죽음이란 개념에 정말 심취해 있었던 먼

지다듬이 친구가 있었다. 지금 생각해보면 내가 그동안 죽음이라는 개념을 깊게 생각하지 않고 심드렁한 태도로 취급해왔던 것도 어쩌면 평소 윌버에게 삶과 죽음에 대한 각종 얘기를 하도 지겹게 들었기 때문일지도 모른다.

그가 그렇게 열렬한 관심을 주었음에도 죽음은 그의 몸뿐만 아니라 그가 그토록 좋아해 마지않던 죽음에 관한 생각이나 관념, 고뇌까지도 야멸치게 집어삼키고선 온 줄도 모르게 사라졌다.

가만.

흘러가는 상념의 덜미를 잠깐 붙들고 신중하게 자문했다. 정말 그럴까?

그를 사라지게 한 건, 정말 죽음 그 자체일까?

그의 목소리, 생각, 사상, 말투, 그 모든 것을 망각 속에 밀어넣어 사라지게 한 건, 다름없는 나다.

친구들 중 혼자 남은 내가 그를 잊음으로써 그의 죽음은 완성되었다.

윌버가 죽고 내가 그를 잊은 날과 방금 전 그를 떠올린 순간 사이의 시간 간격- 아까의 계산에 의하면 못해도 서너 달 동안, 그의 존재는 온전히 이 세상에 없던 것이나 다름없었던 것이다.

그렇다면 만약 내가 내일 죽는다면, 누가 나를 기억해줄 수 있지? 내가 존재했음을 누가 증언해줄 수 있지?

생각이 여기에 이르자 처음 느껴보는 감정이 걷잡을 수 없이 불어났다.

모골이 송연했다. 고개를 들어 주변을 둘러보았다. 분명 큰 편이 아닌 책임에도 한 페이지가 너무나도 넓어 보였다. 이렇게 넓었었나? 가슴이 답답하고 식은땀이 흘렀다. 심장이 죄어 비틀어지는 것 같은 감각과 함께 온 세상에 완전히 홀로 내던져진 것 같은 기분이 들었다. 언제나 느껴왔던 알량한 수준의 외로움이 아니었다. 마치 태초부터 아무도 없었고 대천세계의 삼라만상이, 온 우주에 총총히 수놓인 성좌가 모두 오로지 나의 홀로됨을 목에 힘주어 역설하기만을 위해 텅 빈 채 그 자리를 지키고 있는 것만 같은, 그야말로 절대 고독이라고밖에 부를 수 없는 감정이 나를 휘감았다.

나의 실존을 증명하고 싶다. 달리 말해, 글을 쓰고 싶다.

고상한 척하기 위한 지적 유희로써가 아니라, 내가 여기 있었다는 사실을 전하기 위한 글을 쓰고 싶다. 내가 어떻게 살아왔고 무엇을 읽고 무엇을 느꼈는지 가능한 한 진솔하게 남겨서, 읽는 이로 하여금 내가 어떤 방식으로 존재했는지 알게 할 것이다.

다리에 다시 힘이 들어가는 게 느껴졌다.

몸을 책장 밖으로 내밀자 저 멀리 샬롯이 집을 재건하고 있는 게 보였다.

저곳에 가야 한다.

죽게 되더라도 꼭 저기에 다시 가야만 한다는 충동이 울컥 솟았다. 지금 당장 가지 않으면 앞으로도 영영 극복하지 못할 응어리가 남으리라는 확신이 들었다.

그대로 기어나가 서로의 다리는 닿지 않고 목소리만 들릴 법한 거리까지 다가가자 샬롯은 이쪽을 보지도 않은 채로 집 짓기에 열중하며 무신경한 표정으로 퉁명스레 말했다.

"배달 음식 시킨 기억은 없는데."

기죽지 않고 고개를 들어 샬롯에게 말했다.

"먹히러 온 게 아니야. 다시 글을 쓸 거야."

샬롯은 여전히 이쪽에는 눈길을 주지 않고 말없이 방적돌기에서 뽑아낸 거미줄을 돌돌 말아 새 집의 위쪽 귀퉁이에 덧댔다.

그래서 얼굴을 더 빳빳이 세우고 크게 소리쳤다.

"난 책을 쓰고 말 거야! 누가 뭐래도 반드시 쓸 거야!"

기실 그것은 샬롯에게 하는 말이 아니라 나 자신에게 하는 선언이었다. 그렇지만 나는 내가 그런 결심을 했음을 기억해줄 존재, 나아가 나를 기억해줄 누군가를 너무나도 간절하게 필요로 했기에 얼굴이 벌게지도록 절규하듯 다시 외쳤다.

"나는 사라지지 않을 거야!!"

그제서야 이쪽으로 고개를 돌린 샬롯은 씩씩 거친 숨을 고르는 나를 잠시 물끄러미 보더니 다짜고짜 별 소리를 다 듣겠다는 표정으로 떫게 대답했다.

"그러세요."

그날 이후로는 거의 매일 샬롯을 찾아갔다.

샬롯이 거미줄 밖으로는 무리하게 사냥을 나오려 하지 않는다는 걸 알게 된 것도 있지만, 이제 내 글이 나만의 것이 아니게 된 것이 가장 큰 이유였다. 내 작문이 글쓰기를 위한 글쓰기가 아니라 내가 이 세상에 있었다는 족적을 남기기 위함이라는 뚜렷한 목적성을 지니기 시작한 이상, 나와 나의 글을 기억해줄 다른 생명체가 필요했다. 그래서 어제는 무슨 내용을 썼는지, 오늘은 무슨 책을 먹었는데 이런 점이 마음에 깊이 남아서 작업장에 남기고자 하는지 같은 것부터 시작해서 먼 훗날 벌레들이 득세하는 세상이 온다면 '한 켤레' 같은 단위는 곤충을 기준으로 재정의해야 할지, 아니면 거미나 지네 같은 절지동물이 기준이 되어야 할지와 같은 온갖 쓸데없는 망상이나 사담까지 빠짐없이 보고하는 것이 나의 일과가 되었다.

그럴 때면 샬롯은 매번 거의 아무 반응도 하지 않다시피 하며 무심히 거미줄 위에서 듣고만 있었다. 집을 다 복구한 후에는 줄에 걸려든 파리나 작은 나비 따위를 씹으며 이따금씩 고개를 주억거리는 시늉을 하긴 했지만 그게 전부였다.

그렇게 나는 이야기하고 샬롯은 '넌 짖어라' 하는 태도로 일관하는 날들이 반복되던 어느 날,

나는 중요한 결단을 내리게 되어 평소와는 달리 사뭇 진지하게 샬롯에게 말했다.

"나 내일 이 주변을 떠날까 해."

이번에도 샬롯은 별다른 반응 없이 무신경한 표정으로 대답을 대신했다. 이제 슬슬 냉대에는 익숙해져 있었지만 내심 그래도 마지막인데 대꾸하는 척 정도는 해줄 수 있는 것 아닌가 하는 서운한 마음도 없지

않았다.

　그렇게 샬롯을 뒤로하고 길을 나서려는데 특유의 서슬이 퍼렇게 선 목소리가 나를 불러세웠다.

　"야."

　뭐지? 그 짧은 순간에 온갖 생각이 맴돌았다. 그래도 샬롯이 천적인데 내가 그동안 너무 귀찮게 굴었나? 전에 말실수한 게 있나? 사실 내가 살이 오를 때까지 기다린 건가? 잔뜩 긴장하고 몸을 돌리자 샬롯이 시선을 피하며 그간 보여준 모습과는 영 다르게 어물거리며 입을 뗐다.

　"건강해라."

　정적이 흘렀다. 내가 지금 무슨 말을 들은 거지?

　몇 초 뒤 가슴이 따스한 훈김으로 채워지는 게 느껴졌다.

　내가 뭐라고 하든 항상 듣기만 하고 한 번도 제대로 된 감상을 얘기해준 적이 없어서 나중에는 대답을 듣는 것은 반쯤 포기하고 계속 얘기를 들어주는 것만으로도 고맙게 생각하고 있었는데, 막상 이렇게 천만의외의 살가운 작별 인사를 듣자 퍽 뿌듯하고 기분이 좋았다. 나는 배시시 웃으며 화답했고, 몇 발자국 더 가다 한 번 더 뒤를 돌아보았는데 그러자 더욱 믿지 못할 장면이 눈에 들어왔다. 그 샬롯이 다리 한쪽을 흔들어 보이며 나를 배웅해주고 있는 게 아닌가! 이번에는 눈시울이 붉어진 나는 샬롯이 보이지 않을 때까지 똑같이 다리 한쪽을 흔들어 보이며 천천히 멀어졌다.

　그리고 불과 이틀 뒤, 멋쩍은 표정으로 샬롯 앞에 다시 나타났다.

얼굴이 검붉게 달아오르더니 이번에야말로 잡아먹고야 말겠다고 덤벼드는 샬롯을 다급하게 멈춰세우고 나서 왜 떠났는지, 그리고 왜 돌아왔는지에 대한 그간의 자초지종을 설명했다.

벌레가 글을 쓴다고 하면 역시 그 옛날 주초위왕(走肖爲王) 설화 속의 유명한 벌레와 같이 책을 갉아서 글자를 새기는 방식을 취하는 것이 정석일 것이다. 그런 점에서 봤을 때 나의 벗 파브르에게는 미안하지만, 마음을 다잡고 본격적으로 장문의 글쓰기에 착수하자 당초 작업장으로 쓰기로 마음먹었던 '파브르 곤충기'는 썩 집필에 좋은 환경이 못 된다는 사실을 인정할 수밖에 없었다. 페이지의 코팅이 두꺼워 씹기가 불편했던 것이 첫째요, 삽화가 많은 탓에 갉아먹다 보면 역한 맛이 나는 색소 입자가 펄프에 엉겨붙어 작업의 흐름이 뚝뚝 끊기기 일쑤였던 것이 둘째 이유였다. 이런 문제들을 가능하면 이사 없이 해결하기 위해 갖은 방법들을 시도해보았지만 결국 전부 수포로 돌아가 눈물을 삼키고 글을 쓰기 더 적합한 책을 찾기 위해 마음을 단단히 먹고 여행길에 올랐다.

그런데 웬걸, 작업장을 찾아 유랑을 시작한 지 겨우 이틀 만에 두께, 질감, 강도, 맛 등등 모든 조건이 그야말로 이상적인 조건의 책을 발견한 것이다. 천천히 둘러보면 볼수록 여건이 참 좋았는데, 연식이 제법 되어 보이는 책임에도 제목이 생소한 것으로 보아 그다지 역사적 가치가 특출난 물건 같지 않아서 사람의 발걸음도 덜 닿을 것이라는 점에서 특히 그랬다. 생각보다 너무 빨리 찾아내서 그런지 기쁘다는 마음보다도 맥이 탁 풀리는 허무함이 앞섰다. 가슴에 호연지기를 그득 품고 길을 나선 내 결의가 이틀짜리 여정을 위한 거였다고? 내 대서사시는? 역경과 고난은?

어쨌거나 이렇게 빨리 적합한 장소를 찾아낸 것은 부인할 수 없는 크나큰 호재였기에 배부른 불평은 잠시 접어두고 주위를 둘러보자 책장 세 층 정도 아래에 샬롯의 거미줄이 보였다. 돌고 돌아 출발했을 때보다 오히려 샬롯의 거처에 가까워진 것이다. 서로 전에 없는 퍼포먼스를 보이며 이별한 직후나 다름없는 지금 맞닥뜨리기라도 하면 서로 무안함이 이만저만이 아닐 테니 나중에 마주칠 땐 마주치더라도 당분간은 피해 다니기로 결심하고 돌아가려는 차에 그만 발이 미끄러졌다. 떨어지는 것 자체는 예상치 못했지만 이번에는 지난번 낙하와는 달리 능숙하고 정확하게 공중에서 세 바퀴 반 회전한 뒤 사뿐하게 낙법을 취했다. 이번엔 단단한 땅에 제대로 착지했음을 확인하고 스스로의 괄목할 성장을 짧게 치하하려다가 문득 '그러고 보니 아래에는-'하는 생각이 들어 고개를 들자 당황한 샬롯이 눈앞에 서 있었다.

그렇게 된 거라고 설명을 마치자 샬롯은 한숨을 폭 쉬고 구시렁구시렁하며 나를 누르던 다리에서 천천히 힘을 뺐다. 확실히 날 대하는 샬롯의 태도는 여러모로 처음 만났을 때를 생각하면 비교할 수 없을 만치 누그러졌다. 내 이야기가 이제는 샬롯 말마따나 '진부하지' 않아서일까? 새 거처를 정하고 나서는 누구한테 책 이야기를 하면 좋을지도 고민이었는데 앞으로도 샬롯, 그것도 이젠 나를 마냥 싫어하지는 않는 샬롯을 옆에 두고 계속 집필을 이어나갈 수 있다고 생각하니 새삼 여러 가지 면에서 운이 따라줬다는 게 실감이 났다.

"그런고로, 앞으로도 잘 부탁할게!"

"…마음대로 하세요."

마뜩잖은 기색이 역력한 목소리였지만, 적어도 긍정에 가까운 대답이 돌아왔다!

새 마음 새 뜻, 튼튼한 아래턱, 훌륭한 작업장, 멋진 청중. 비로소 모든 조건이 갖추어졌으니 이젠 다리를 걷어붙이고 열의를 불태워가며 쓰는 일만 남았다.

***

'237-박727조…박727조…여기다!'

일련번호를 속으로 중얼거리며 고서관 깊은 구석의 책꽂이들을 뒤지던 황 교수가 무릎을 굽혀 무명실로 꿰매어 제본된 책 한 권을 꺼냈다. 〈武峯類說(무봉유설)〉. 학계에서도 연구 대상으로 크게 주목받는 책은 아니고 대중에게 잘 알려진 책은 더더욱 아니었지만 적어도 지금의 그녀에게만큼은 〈직지심체요절〉이나 로제타석이 부럽지 않은 보물 중의 보물에 다름없었다.

나흘 전, 저명한 역사학 교수인 황 교수는 그날도 연구 때문에 골머리를 앓고 있었다. 14세기 말에서 15세기 중엽 조선의 무기사에 대한 기록들을 수개월간 분석해온 끝에 고려 말 이루어진 군제 개편과 조선

초기 병기의 제조 및 관리체계의 연관성을 논증하는 데 해냈지만, 정작 그 간극을 메꿀 결정적인 증거 하나가 없어 몇 달째 마지막 단추 하나를 꿰지 못하고 있었던 것이다. 실낱만한 근거 하나라도 찾기 위해 백방으로 발품을 팔고 조사하는 나날에 지쳐갈 때쯤 별 생각 없이 검색해본 한 시립 도서관에서 '어느 정도 관련이 있다' 수준이 아니라 정확히 그녀가 찾고 있던 서적이 있다는 검색 결과를 보고 황 교수는 잠시 눈을 의심했다. 시골 절간에까지 수소문해가면서 고생고생하며 찾고 있던 자료가 손가락만 까딱하면 검색해서 찾을 수 있는 시립 도서관에 버젓이 진열되어 있었다는 사실을 인정할 수가 없었던 것이다. 황 교수는 그 책이 이름 모를 한 젊은 사서가 사흘 내내 밤을 새워가며 불과 며칠 전에 전산 시스템에 업로드해둔 것일 줄은 꿈에도 모른 채 자신이 자료 조사에 있어서 초보적인 실수를 한 줄로만 알고 연신 자책했다.

"어휴, 공립 도서관에 있던 걸 못 보고 지나쳐서 여태 그 고생을 한 거야? 미쳤어 미쳤어 진짜."

머리를 식히고 혹시 자신이 놓친 다른 중요한 고서들도 있는 게 아닐까 싶어 그 도서관의 고서 코너의 도서 목록을 검색하자 그녀의 연구에 필요한 책이 아니더라도 역사학적으로 지대한 가치를 지니는 금싸라기 같은 고서들이 수도 없이 나열되어 있었다. 핏기 없이 자글자글한 얼굴에 오랜만에 방긋 화색이 돈 그녀에게 무슨 일이 있는지 묻는 조교에게 그녀는 만면에 미소를 머금고 손바닥만한 메모장을 펼치며 말했다.

"이번 달 강연 일정들 좀 확인해줄래요? 조만간 급히 가봐야 할 곳이 생겨서요."

***

나는 평소 상투적인 표현이 필요 이상으로 천시를 당하고 있다는 생각을 갖고 있다. 상투적인 표현이 상황에 적절하게 꼭 들어맞는 경우가 너무나도 많기 때문이다. 과장을 좀 보태자면 언어의 클래식이라고도 부를 수 있을 것이다. 그러나 상투적인 표현이 들어간 문장은 상투성과 진부함이라는 본질 때문에 그 정확성에 대한 마땅한 인정을 받지 못하는 경향이 있다. 가령 '마른 하늘에 날벼락'이라는 말을 예로 들어보자. 장담컨대 지금 나에게 닥친 상황을 이보다 잘 묘사한 표현은 실로 고금에 없을 것이다.

〈武峯類說(무봉유설)〉에 자리잡고 글쓰기를 시작한 지 열흘 정도 되었을까. 오늘따라 썩 괜찮은 착상이 떠올라 신이 나서 페이지를 갉으며 집필을 이어나가는데 돌연 덜컥 하는 진동이 느껴졌다. 내가 머무르고 있던 책이 예고 없이 책장에서 꺼내지는 정도의 해프닝은 전에도 수없이 겪어본지라 벽면은 바닥이 되고 바닥이 깎아지른 절벽이 되는 수라장 속에서도, 파도를 휘어잡는 서퍼같이 힘있고 우아하게 몸을 비틀어 어렵지 않게 균형을 잡을 수 있었다. 다만 미처 몸을 다 숨기기 전에 내가 들어가 있는 페이지가 펼쳐졌고, 그러자 충격받은 듯한 허탈한 표정으로 내 열정적인 저술의 흔적을 바라보는 낯선 인간의 얼굴이 나타났다. 하기야 내 작업의 결과물은 그들의 입장에서 보면 장서 훼손의 교과서적인 사례일 테니까. 그런 생각을 하며 뒷날을 도모하기 위한 도약을 위해 다리를 굽히는 사이에 인간의 얼굴에선 허무함이 분노에게 자리를 내주었고, 그걸 본 나는 속히 뛰어오른 뒤 내 위치를 가늠하려 위쪽을 흘깃 올려보았다.

조금 전 상투적인 표현을 열심히 비호하긴 했지만, 옛말에 틀린 말 하나 없다는 식의 태도에도 문제는 있다고 생각한다. 그 말이 만들어 졌을 당시와 지금의 사회.문화적 맥락의 차이 때문에라도 속담은 현재를 살아가는 우리네의 삶에 그대로 적용하기 곤란한 경우가 종종 있기 때문이다. 그렇다고 해서 옛말을 시대착오적이라고 비난할 마음은 추호도 없으나, 적어도 직접 겪은 사례를 들어 내 소신을 내비치는 것 정도는 도리에 어긋나는 일이 아니리라.

'손바닥으로 하늘이 가려지지 않는다고 누가 그래?'

눈앞이 흐리다.

부서진 외골격의 파편이 몸통의 마디마디에 파고들어 압박하는 게 느껴진다.

책에서 떨어지면서 힘겹게 눈을 마저 뜨자

나를 둘러싼 세계가 울렁이며 흐트러진다.

아, 덧없다.

아니, 덧없지는 않다.

미련과 여한이 북받쳐 넘쳐흘러 앞을 가린다.

분명 내 세상은 온통 책으로 가득했을 텐데,

한 권씩 두 권씩 시야에서 사라져 가더니

이내 아무것도 보이지 않는다.

아아, 책은 어디에 있는가.

아직 먹어야 할 게 많은데…

***

"결국 이렇게 됐구나."

요 며칠 통 찾아오질 않길래 찾아가 봤더니 녀석이 찌부러져 말라비틀어진 채로 책장 근처에 널브러져 있었다. 형체가 아직 남아있는 것으로 미루어 보건대 즉사하지도 못하고 끔찍한 아픔 속에 몸부림치다 서서히 죽어갔을 것이다. 그 녀석이라면 또 무슨 쓸데없는 생각이나 하다 숨이 넘어갔을지도 모르지만.

어느 정도 짐작은 하고 찾아왔지만 막상 이렇게 텅 비어 말라붙은 채 허공을 응시하고 있는 녀석의 눈 속을 들여다보자 역시 심경이 복잡해졌다.

이 녀석을 뭐라고 기억해주면 좋을까, 하고 궁리하다 머릿속을 지나가는 단어 하나를 붙잡았다.

친구. 그래. 좋은 말이지.

입안에 머금고 있으면 봄볕 같은 따스함이 느껴지는 멋진 단어다.

나의 봄은 언제나 겨울보다 가혹해서 다시는 돌아오지 않는데 말이지.

십 년의 가약을 맺었었던 남편도, 내 이름을 지어준 먼지다듬이 윌 버도, 결국 이름이 뭐였는지 물어보지 못한 이 녀석도.

그런 생각을 하며 청승에 젖어 있던 중에, 녀석이 작업장으로 쓰던 그 책의 귀퉁이가 살짝 바스락거리는가 싶더니 내 눈알보다 조금 클까 싶을 정도로 자그마한 물체가 꼼질꼼질 기어나와 이내 나와 눈이 마주 쳤다.

"엄마?"

그것이 눈을 동그랗게 뜨고 천진하게 묻자 나는 그 자리에 그대로 굳어버렸다.

녀석이 살아 있었다면 틀림없이 기분 나쁘게 키득거리면서 그때 내 표정을 꼭 봤어야 했다고 작업장에 기록했을 것이다. 나를 엄마라고 주장하는 눈앞의 이 물체는, 굽은 더듬이 모양부터 오목하게 들어간 머리에 또렷한 겹눈 두 개까지—훨씬 작지만 제 어미를 쏙 빼닮았다. 그 녀석, 알도 뱄었나. 요즈음 기어다니는 모양이 어째 어리벙벙하다 싶을 때 알아봤어야 했는데.

내가 계속 말없이 우두커니 서 있자 그 물체는 갸웃하며 다시 나한 테 물었다.

"엄마아?"

두 번째로 그 소리를 듣자 정신이 들었다.

그래. 녀석은 아주 사라져버린 게 아니다. 이렇게 난생이 아니라 출 아법으로 낳았대도 민을 똑 닮은 자식을 남기고 떠나지 않았는가.

아직 알 껍질 조각이 몸에 묻어있는 이 어린것이 녀석의 유지를 이어줄 수 있을지, 애초 내가 그런 부탁을 하는 게 이치에 맞는 것인지조차 갈피가 잡히지 않지만 적어도 한 번 물어는 보는 것이 녀석을 위하는 일이리라.

"엄마가 아니라 이모. 그리고, 네가 해주었으면 좋겠는 일이 있다."

"음, 알았어요. 그런데요 이모."

"응?"

"이모는 이름이 뭐예요?"

***

새로 들어온 사서 박 군은 몸이 열 개라도 모자랄 지경이었다.

지원할 때만 하더라도 시립 도서관이라길래 다뤄야 할 책의 수와 종류가 다른 도서관보다 많을지언정 신생 도서관 같은 혼란과 분주함은 없을 줄로만 알았는데 그가 들어오자마자 기다렸다는 듯이 도서관이 대형 개편을 하여 졸지에 대공사에 동원된 것이다.

한 거물 사학(史學) 교수가 이 도서관의 고서 보관 상태를 보고 경악하여 동료 교수와 기자들을 데리고 보존서고 코너를 따로 만들 것을 몇 년에 걸쳐 시청에 강하게 요구하였고, 마침내 특수한 보존 시설 아래에 그 중요도를 인정받은 고서들을 따로 보관하는 '보존서고 코너'가 신설되게 되었다는 것이다. 그런 사정을 설명하고 있는 사수 최 군의 말을 듣는 둥 마는 둥 하며 어깨죽지에 붙인 파스를 갈아끼운 뒤 다시 책으로 가득 채운 박스를 들고 걸어가던 중에, 거미줄이 죽죽 쳐진 구석 자리의 유독 허름한 책 한 권이 그의 눈에 들어왔다.

"선배, 구석에 저건 뭐예요?"

"아, 저거? 저것도 나름 가치를 인정받는 책이라고는 하는데 워낙 훼손이 심한지라 어설프게 건드렸다가 아예 바스러지는 수가 있어서 일단 당분간은 저기에 그대로 두기로 했대. 신기한 건 벌레가 그렇게 끓는데도 주변 책들은 거의 멀쩡하고 저 책만 유독 곰보가 됐다더라."

저벅저벅.

발소리가 멀어지자 샬롯의 아들 되는 튼실한 호랑거미 한 마리가 'O'자 모양으로 엮은 거미줄을 흔들어 보였다. 그러자 주변 책들에 흩어져 숨어있던 책벌레들 수십 마리가 고개를 빠끔 들었고, 다시 태곳적 선조 때부터 집필 작업이 이어져온 '작업장'으로 돌아가 열심히 저술을 재개했다.

공자면 공자, 셰익스피어면 셰익스피어만 우직하게 파먹은 스페셜리스트 책벌레도, 다른 서적 코너에 오래 지내다가 돌아온 유학파 책벌레도, 그저 다양한 책을 맛있게 먹는 것을 즐길 뿐인 미식가 책벌레도 저마다 다른 책을 먹으며 느끼고 생각한 점을 '작업장'에 기록했고 세대가 거듭될수록 그곳의 문장들은 점차 단순한 감상문 이상의 무언가가 되어가고 있었다.

사각사각사각. 작지만, 꾸준한 변화를 싣고 울려 퍼지는 소리와 함께 오늘도 밤은 깊어간다.

뜬구름 잡기

발행 2022년 9월 20일

지은이 여현주, 음시은, 달래, 김희현, 박현영, 최형선, 신동국

라이팅리더 정성우

디자인 윤소정

펴낸이 정원우

펴낸곳 글ego

출판등록 2019.06.21 (제2019-000227호)

주소 서울특별시 강남구 테헤란로216, 12층 A40호

이메일 writing4ego@gmail.com

홈페이지 http://egowriting.com

인스타그램 @egowriting

ISBN 979-11-6666-174-7